우리가 함께 싸울 때

세상을 바꾸는 사람들의 힘

우리가 함께 싸울 때

2021년 5월 17일 초판 발행 | 2022년 4월 25일 2쇄 발행

에우달드 에스플루가 글 | 미리암 페르산드 그림 | 서승희 옮김

펴낸이 김기옥 | 펴낸곳 봄나무 | 아동 본부장 박재성
편집 한수정 | 디자인 블루 | 영업 김선주, 서지운 | 제작 김형식 | 지원 고광현, 임민진

등록 제313-2004-50호 (2004년 2월 25일) | 주소 04037 서울시 마포구 양화로 11길 13(서교동, 강원빌딩 5층)
전화 (02) 325-6694 | 팩스 (02) 707-0198 | 이메일 info@hansmedia.com

도서 주문 한즈미디어(주) | 주소 04037 서울시 마포구 양화로 11길 13(서교동, 강원빌딩 5층)
전화 (02) 707-0337 | 팩스 (02) 707-0198 | 이메일 info@hansmedia.com

ISBN 979-11-5613-155-7 43300

• 이 책 내용의 일부 또는 전부를 재사용하려면 반드시 저작권자와 봄나무 양쪽의 동의를 얻어야 합니다.
• 책값은 뒤표지에 나와 있습니다.
• 이 책에 나오는 사람·나라·단체 등의 이름은 인터넷에서 자주 검색되는 표기에 따랐습니다.

우리가 함께 싸울 때

세상을 바꾸는 사람들의 힘

에우달드 에스플루가 글 | 미리암 페르산드 그림 | 서승희 옮김

봄나무

나에게 모든 것을 알려 주신 어머니에게,
함께하면 더 나은 생각을 하게 해 주는 베르타에게
_에우달드 에스플루가

엘비라에게, 어머니에게, 이모에게,
내 고양이들과 모든 친구에게
_미리암 페르산드

차례

들어가는 말

'함께하는 힘'이란 무엇일까요?

제가 이 책을 쓰기 시작했을 때 가수 마리아 아르날(Maria Arnal)의 노래가 떠올랐습니다. 이 노래는 문학가 호안 브로사의 시에 가락을 붙였는데, 가사를 조금 소개하면 다음과 같습니다.

"사람들은 자신의 힘을 깨닫지 못해. / 모두 하던 일을 일주일만 멈춰 봐. / 경제는 무너져 버릴 거야. / 온 나라가 마비되겠지. / 곧 강요해도 소용없다는 게 드러날 거야."

흔히 말하는 '함께하는 힘'이 무엇인지 이보다 완벽히 보여 주는 표현이 있을까요? 함께하는 힘은 한 무리의 사람들이 모여서 이야기하고 서로 비슷한 마음을 확인해 함께하자고 마음먹을 때 눈에 띄게 나타납니다. 이는 변화를 이끌어 내는 힘이기도 합니다. 다른 사람들과 함께 결심해 자신들의 능력을 훨씬 뛰어넘어 영향력을 넓히는 힘이죠. 또 이 세상의 상황이 좋지 않다고 생각하거나 얼마든지 바뀔 수 있다는 깨달음이기도 합니다.

우리는 촘촘히 놓여 움직일 수 없는 타일과 다른 운명에 있습니다. 서로서로 이어진 채 기대어 있으면서도 커다란 힘을 보여 줄 수 있죠.

몇 년 전부터 이러한 힘을 이야기하는 사람들이 많아졌습니다. 그런데 이 힘을 약하게만 보는 경우가 너무나 많습니다.

'사람들'의 이야기는 '그' 또는 '그녀'의 이야기로 바뀌어 뛰어난 몇 명의 이름만 나오는 영웅 소설이 되곤 하지요. 혼자 수많은 사람의 마음을 움직여 행동하도록 이끈 인물의 이야기로 말이에요. 그동안 여러분은 스스로의 의지로 세상을 바꾸었다는 위대한 인물의 전기를 숱하게 읽지 않았나요(주인공은 대부분 남자였겠지요)?

그림을 맡은 미리암 작가와 글을 맡은 제가 이 책을 함께 작업하면서 세운 목표는 어떤 한 인물만을 중심으로 하는 이야기에서 벗어나자는 것이었습니다. 사람들의 시위에 담긴 이야기도 좋지만 그 순간을 '함께했던 수많은 사람'에게 관심을 두고 싶었거든요.

이 책에서는 서로 얼굴도 모르는 낯선 이들이 뭉쳐 새로운 변화를 만든 순간을 다룹니다. 주인공은 한 명이 아니라 서로 다른 많은 사람입니다. 글과 그림에서 '함께'를 두드러지게 하고 싶었기에 그림 속 인물들의 얼굴에는 특징이 없습니다. 집회에 간 여러분이 무리에서 길을 잃었을 때 마주하는 한 사람, 한 사람처럼 사람들은 특별하지 않은 누군가일 테니까요. 물론 앞장서서 역사의 흐름을 이끈 인물들이 그림에서 때로 얼굴을 드러내기도 합니다. 감정이나 관계를 떠올리게 하는 인물, 또는 몸으로 맞선 인물들은 동물의 머리를 하고 있기도 하고요.

사람들이 행동하면서 비롯한 '함께하는 힘'이 언제나 사회 운동으로 이어지지는 않습니다. 이 책에서는 사람들의 시위나 의회를 향한 공격처럼 잘 계획한 단체 행동을 다룹니다. 또 순간적인 결정에서 이루어진 행동도 다룹니다. 이를테면 도로 한복판에 몸을 숨기거나, 공장을 빼앗거나, 광장에서 몇날 며칠을 보내는 행동들처럼요. 이렇게 싸워서 커다란 변화를 낳은 승리도 다루지만, 목표를 이루지 못해 입에 오르내리는 패배도 다룹니다.

이 책의 또 다른 목표는 역사의 흐름대로만 이야기하지 않는 것이었습니다. 또 원인과 결과라는 흐름으로만 사건을 풀어 나가지 않으려고 노력했습니다. 일어난 사건이 역사에 어떤 발전을 가져왔느냐 외에 그 속에 담긴 의미에 관심을 두었습니다. 흔히 중요하다고 일컫는 사건의 자세한 날짜보다 역사에서 잘 다루지 않는 주변 사건들과 인물들에 집중했습니다. 즉, 한눈에 흐름이 보이도록 설명하는 이야기책이 아니라, 아무 곳이나 펼쳐 읽어도 좋은 이야기들을 책에 모았죠. 사회를 바꾸는 데 성공했든 실패했든 저항이 일어난 순간의 이야기들을 한 권에 소개하고 싶었으니까요.

이 책의 마지막 목표는 사회 문제와 정치가 특별한 이유로, 특별한 장소에서, 특별한 사람들만 관심을 갖는다는 편견을 깨는 것입니다. 오늘날의 가정은 사회 활동에 관심을 갖는 중요한 무대가 되었습니다. 또 사회관계망서비스(SNS)가 생긴 덕분에 온라인에서 모임을 만들고 빠르게 정보를 나누어 모두가 함께하기 쉬운 시대를 열었습니다. 이를 바탕으로 기후 변화와의 싸움은 전 세계의 참여를 외치며 다양한 방법으로 이루어지고 있습니다. 시민 운동을 일으킨 인종 차별 반대는 왜 세계의 질서가 백인 사회를 중심으로만 이루어져야 하는지 의문을 갖게 했습니다. 차별을 당연하게 받아들이던 성 소수자들은 일상에서 들고일어나 자신들의 권리를 찾아가고 있습니다. 성 소수자 운동의 불씨를 일으킨 스톤월 항쟁은 지금도 이어지고 있고요.

여러분이 이 책에서 만나는 시위 이야기들을 통해 저항의 움직임에서 닮은 점을 발견했으면 좋겠습니다. 또 자유를 느낄 수 있길 바랍니다. 그래요, 바로 '함께하는 힘'을요.

책을 다 쓴 지금까지도 함께하는 힘이 눈에 띄게 나타났던 그 모든 역사를 한마디로 정리하지 못했습니다. 책을 쓰기 전엔 호안 브로사의 시가 떠올랐다면, 지금은 미국의 시인 에이드리언 리치(Adrienne Rich)의 시가 더 떠오르는군요.

"그들은 우리를 설득할 수 있는 한 세상을 지배할 것이다. / 정해진 순서대로 놓여 있는 우리의 고통을 받아들이게 할 수만 있다면."

참 분명한 말입니다. 《우리가 함께 싸울 때》가 설득력 있게 다가온다면 여러분도 살아 있는 역사의 현장에 초대받았기 때문입니다. 다시 말해 '사람들은 자신의 힘을 깨닫지 못해'란 호안 브로사의 시의 구절을 깨달았기 때문이겠지요.

사회 깊은 곳에서 저항하다
1910~1950

말보다 행동으로 정의를 얻다

_여성 참정권 운동가 서프러제트

에밀리는 런던에 있는 엡섬다운스경마장의 잔디밭을 뛰어가고 있었습니다. 지금 그녀는 인생을 건 모험을 하고 있다고 생각했습니다. '이 일이 그럴 만한 가치가 있을까?' 물론 이렇게 의심할 여유는 없었습니다. 그날은 그저 그런 날이 아니었거든요. 영국에서 돈 많고 힘 있는 사람이라면 누구나 참석한다는 역사적인 더비(Derby)경마대회가 열리는 날. 이 행사에 국왕 조지 5세도 오기로 했습니다. 게다가 1만 명이 넘는 사람들 앞에서 무슨 행동이든 할 수만 있다면 최고의 홍보 효과를 거둘 수 있을 테지요. 그녀의 대담함이라면 변화를 이끌어 낼 수도 있을지 모릅니다.

에밀리는 경찰의 빈틈없는 경비를 뚫고 경주로로 들어갈 수 있는 난간을 빠져나오는 데 성공했습니다. 이어서 경주마 가운데 하나를 눈으로 좇았습니다. 말들은 결승점을 앞두고 마지막 모퉁이로 접어들며 힘껏 달리고 있었습니다.

에밀리는 쭉 뻗은 길로 이어지는 곳에서 몸을 숨긴 채 기회를 엿보았습니다. 맨 앞에서 달리던 말들이 지나가고 거의 마지막이어서야 국왕의 경주마 앤머가 나타났습니다. 에밀리는 때를 놓치지 않고 앤머를 향해 뛰어들었습니다. 재빨리 고삐를 잡아채서 자주색과 흰색, 초록색의 삼색기를 매달려는 계획이었죠.

그러나 고삐를 잡을 시간이 없었습니다. 말에 탄 기수도 앤머를 제때 멈출 수 없기는 마찬가지였어요. 힘껏 내달리던 말은 크게 놀란 사람들 앞에서 에밀리에게 모질게 발길질했습니다. 의식을 잃고 바닥에 나동그라진 에밀리는 머리를 심하게 다쳐 다시는 깨어나지 못했습니다. 결국 그녀가 활동했던 여성 참정권(국민이 정치에 직간접적으로 함께하는 권리) 운동 단체 '여성사회정치동맹(WSPU)'의 삼색기를 매다는 데 실패하고 나흘 뒤 병원에서 숨을 거둔 것입니다.

에밀리 와일딩 데이비슨(Emily Wilding Davison). 그녀는 '여성 참정권'이라는 목표를 이루기 위해 맞서다 숨진 최초의 운동가였습니다. 그 대담함과 결의, 무모하다시피 한 용기는 그녀를 순교자로 만들었습니다. 런던의 거리를 가득 채웠던 사람들의 장례 행렬의 규모는 이제껏 있었던 페미니스트(성별에서 생기는 정치·사회·경제적 차별을 없애야 한다고 외치던 사람) 시위 이상으로 어마어마했습니다. 에밀리의 사건은 비극이었어요. 그렇지만 여성 참정권 운동가 서프러제트가 수년 동안 벌여 온 싸움이 열매를 맺고 있음을 보여 주는 증거이기도 했습니다. 어마어마하게 모인 무리는 사람들에게 깊은 인상을 남겼습니다. 당장의 정치적 변화로 이어지지는 못했지만 여성 참정권 운동이 자리 잡고 있음을 보여 주었죠.

이에 사회의 보수층(이어져 온 전통을 지지하며 너무 빠른 변화를 반대하는 계층)과 여성 참정권 운동의 온건파(사상이나 행동 등이 지나치지 않은 무리)까지도 에밀리의 죽음은 헛된 일이라고 주장했습니다. 사람들을 술렁이게 하는 이런 거친 행동이 서프러제트가 그토록 바라던 투표권을 손에 넣을 방법은 아니라고 말이죠.

이런 행동은 에밀리처럼 행동하는 여성 운동가들

자유당 정부가 통과시킨
고양이와쥐법

자유당 고양이 유권자 여러분
자유당 고양이에
반대표를 던집시다! 자유당 반대!

'서프러제트'에 관심을 가져 주세요!

을 비난받게 했습니다. 하지만 이런 과격함이 성과를 가져온 힘이라는 사실은 잘 알려지지 않았습니다.

서프러제트는 늘 새로운 방법으로 맞서고 공공장소에서 목소리를 높이는 또 다른 방법을 생각해 냈습니다. 집회를 열어 정치인들이 불편해하는 질문을 하며 연설을 방해했죠. 또 단식 투쟁을 벌이고 저항의 뜻으로 궁의 난간에 몸을 매달았고요. 거리마다 플래카드를 걸고 홍보물을 뿌려 댔습니다.

"말이 아닌 행동으로!"는 서프러제트의 구호가 되었습니다. 이는 에밀리의 묘지에 새겨진 유일한 글귀이기도 했습니다. 서프러제트 운동은 정당 제도를 존중하며 투표권을 외치던 여성들에게 사람들의 공감과 반응을 불러올 대안으로 떠올랐습니다.

서프러제트는 우편함을 불태우고 상점과 백화점의 창문을 깨거나 전화선을 끊기도 했어요. 하원에 허가 없이 들이닥치려고도 했고요. 훗날 총리가 된 데이비드 로이드 조지(David Lloyd George) 재무장관의 자택에 폭발물을 터트리기도 했습니다.

이들은 법을 어기고 거리에서 경찰들과 맞서는 데 망설이지 않았습니다. 서프러제트 운동에 차분하고 부드러운 인상을 심으려는 노력도 나중에 있었습니다. 물론 현실은 이와 다른 단체 저항 운동이었죠.

서프러제트는 누군가의 생명을 앗지 않으면서 테러리스트로 보일 만큼 폭력적 행동도 마다하지 않았습니다. 불을 지르고 폭발물을 터트리며 도시 여기저기를 부수거나 상점 진열창에 돌을 던진 행동들. 여성도 투표할 권리가 있다는 생각조차 못 했던 당시에 이렇게 행동한 이들을 테러리스트라고 한 비난은 자연스러운 일이었을지도 모릅니다.

서프러제트의 과격한 행동은 1912년 3월을 시작으로 더욱 잦아졌습니다. 권력을 잡은 자유당이 투표권 제도를 고치겠다는 약속을 저버렸기 때문입니다. 이는 세니커폴스선언(The Seneca Falls Convention, 미국의 시민 운동과 노예제 폐지론에 자극받아 발표된 선언)과 함께 막을 올린 여성 참정권 운동이 새롭게 시작해야 한다는 뜻이기도 했습니다. 참정권을 줄 생각이 없는 사회에서 얌전히 권리를 달라고 외치기만 하는 행동은 대답 없는 메아리였습니다.

물론 여성 참정권 운동이 시작된 이후 진전은 있었습니다. 미국의 독립선언을 본뜬 세니커폴스선언은 많은 여성이 권리를 외치고 나서는 바탕이 되었습니다. 또 모든 계층이 여성 운동에 함께하는 계기가 되었죠. 선언을 외친 루크리셔 모트(Lucretia Mott), 엘리자베스 캐디 스탠턴(Elizabeth Cady Stanton), 수전 B. 앤서니(Susan B. Anthony)는 1848년 7월에 뉴욕주의 작은 도시인 세니커폴스에서 여성권리대회를 열어 100명이 넘는 참가자를 모으는 데 성공했습니다. 대회 첫날 "첫째 날에는 여성 여러분만을 위한 회의를 열며, 일반 여러분은 둘째 날 회의부터 초대합니다."라고 분명하게 밝혔죠.

대회 둘째 날, 스탠턴은 전날 써 둔 선언을 소리 내 읽었습니다. 그리고 가정, 일터, 학교, 종교 시설을 가리지 않고 모든 곳에서 여성이 겪는 차별을 이야기했습니다. 대회에서 택한 열두 개 조항에는 유일하게 만장일치를 받지 못한 여성의 투표권 내용도 있었습니다. 스

서프러제트 운동에 함께하겠다고 마음먹는 순간, 여성은 자기 목소리를 높이고 주변 사람들에게 함께하자, 권했다는 이유만으로도 죄인 취급을 받았다.

탠턴은 양성평등을 위해 싸우자고 목소리를 높였어요.

"영국의 어떤 법률가는 '남편과 아내가 이룬 한 사람이 바로 남편'이라고 쓴 바 있습니다."

그리고 결혼한 여성이 시민으로서 권리를 모두 잃고 남편에게 기댈 수밖에 없는 사회를 비난했습니다.

처음에 서프러제트는 폭력적으로 싸우지 않았습니다. 그렇다고 그들이 일상에서 펼친 운동이 조용하고 얌전하지는 않았습니다. 가정에서 벗어나 여성 참정권 단체에 가입한 일. 사람들 앞에서 의견을 내거나 대회에 참여한 일. 거리에서 저항의 뜻을 나타낸 일. 이것만으로도 가정의 수호천사이자 헌신적인 아내, 어진 어머니의 역할은 무너진 것이나 다름없었습니다. 서프러제트 운동에 함께하겠다고 마음먹는 순간 모욕과 위협을 받기도 했습니다. 경찰에게 쫓겼고 가정을 망가트리는 범인이 되기도 했죠. 자기 목소리를 높이고 여성의 참정권을 얻어 내려 주변 사람들을 격려하는 일만으로도 죄인 취급을 받았습니다.

에밀리의 삶은 이런 고달픔을 보여 주는 좋은 예였습니다. 에밀리는 엡섬다운스경마장에서 비극적인 죽음을 맞기 전 여덟 차례나 감옥에 갇힌 적이 있습니다. 교도관들은 감옥에 갇힌 그녀가 단식으로 맞서자 음식을 강제로 먹이는 고문을 했습니다. 에밀리는 강하게 발버둥 치다가 이가 깨지기도 했습니다. 이뿐만이 아니었어요. 교도소의 폭력에 절망한 나머지 저항하는 뜻으로 계단에 몸을 던지기도 했죠.

에밀리만이 아니었습니다. 가장 널리 알려진 서프러

제트인 에멀린 팽크허스트(Emmeline Pankhurst)도 두 딸과 함께 수없이 옥에 갇혔지만 단식으로 맞선 사람입니다. 마리온 월리스 던롭(Marion Wallace Dunlop), 키티 마리온(Kitty Marion), 패니 파커(Fanny Parker), 에델 무어헤드(Ethel Moorhead), 젤리 에머슨(Zelie Emerson), 메리 리처드슨(Mary Richardson) 등도 단식하다 음식 고문을 당했습니다. 리처드슨은 훗날 이렇게 회상했어요.

"교도관들은 5주 동안이나 내 코에 호스를 끼워 음식물을 넣었어요. 호스를 접고 이리저리 비틀어도 식도까지 호스가 내려가지 않기도 했죠. 그때 교도관들이 손가락을 집어넣어 억지로 내 입을 벌리더니 잇몸과 볼 안쪽을 쨌습니다. (중략) 끔찍한 아픔에 정신을 잃어 가던 내게 커다란 재갈을 두 개 물리곤 다시 호스를 밀어 넣었어요. 식도가 막히지 않도록 손가락으로 혓바닥을 누르고 코를 집었고요."

서프러제트가 계속 저항하는 데 단식을 이용하자, 영국 정부도 가만히 있지 않았습니다. 먼저 법을 고쳐 감옥에서 단식하다 건강이 나빠진 사람들을 풀어 주었습니다. 그리고 지켜보다가 몸이 나으면 다시 잡아들이는 이른바 '고양이와쥐법'을 내놓았죠.

이러한 현실에서 서프러제트가 벌인 활동은 어찌 보면 당연했습니다. 이들을 두고 과격해졌다는 말에 오해가 있을지도 모르겠습니다. 부당함에 맞서 사회가 빠르게 바뀌어야 한다는 대담한 생각과 그에 반대한 단체들이 있었다는 이야기가 사실이더라도 말이죠. 따라서 에밀리의 죽음은 한 사람의 일탈이 아니라 탄압과

서프러제트의 역사는 혁명의 역사요, 부당함에 맞선 저항의 역사이자, 전 세계에 새로운 의식을 불어넣은 역사이기도 하다.

굴욕의 역사가 낳은 비극이라고 봐야 옳지 않을까요?

서프러제트가 이룬 성과는 오늘날 누구도 부정할 수 없습니다. 한 세기에 걸친 이 싸움이 여러 나라에서 벌어지는 동안 여러 의견이 부딪치고 다툼이 생겼습니다. 그럼에도 수천 명의 여성이 보여 준 연대와 희생, 의지는 사회에 놀라운 변화를 가져왔습니다. 마침내 영국에서는 1918년에, 미국에서는 1920년에 여성에게 참정권을 준 것이죠. 여성에게 준 투표권이야말로 여성 운동에서 가장 눈에 띄는 성과였습니다.

남녀가 똑같은 임금을 받을 것. 여성도 모든 직업을 갖고 자신만의 재산을 가질 권리를 누릴 것. 여성도 고등 교육을 받도록 길을 열어 줄 것. 여성에게도 자녀를 키울 권리를 줄 것. 여성 운동은 이런 것들을 끊임없이 외치고 있었습니다.

서프러제트의 역사는 혁명의 역사요, 부당함에 맞선 저항의 역사이자, 전 세계에 새로운 생각을 불어넣은 역사이기도 합니다. 팽크허스트는 이렇게 결론을 내렸습니다.

"여성이란 우리의 성별은 이미 삶에서 주어진 불운한 조건입니다. 여성이 싸우는 이유에 사람들이 귀 기울이도록 법을 어기는 것이 우리의 운명이죠."

이 말처럼 그들은 행동한 사람들이었습니다.

17

Ⅲ 흘리지 않고 나라를 뒤집다
_독일 무혈 혁명

그 일은 기적이나 다름없었습니다. 독일 제국이 제1차 세계 대전에서 패하자, 많은 사람이 보다 나은 세상을 꿈꾸었습니다. 뮌헨의 호프집에 모여 새로운 미래를 그리던 한 무리의 지식인과 예술가는 더 자유롭고 아름다우며 낭만적인 세상을 꿈꾸었습니다.

"수백만의 친구들이여, 서로 끌어안아라! 입맞춤으로 전 세계가 하나로 뭉치길!"

그들은 이 이상을 현실로 만들고 싶었습니다. 그리고 누구도 예상치 못한 어느 날 밤, 그들 가운데 한 명이 총리의 자리에 앉는 사건이 일어났습니다. 심지어 군사들은 그의 명령에 따랐고 바이에른의 국왕 루트비히 3세는 자동차의 트렁크에 몸을 숨겼죠. 이 이야기는 바이에른공화국을 선포한 '쿠르트 아이스너(Kurt Eisner)'라는 연극 비평가의 이야기입니다.

꿈결에 겪은 일처럼 어떻게 이런 사건이 일어났는지 논리적으로 설명하기는 어렵습니다. 무슨 일이 일어났는지는 알 수 있어도 어떻게 그런 일이 가능했는지 이해하기 힘들 때가 있으니 말이죠. 때는 1918년 11월 7일이었습니다. 뮌헨 시민들은 러시아 혁명 1주년을 맞아 거리로 나섰습니다. 그동안 이어진 전쟁은 경제를 무너트리고 죽음과 배고픔만 남겼으며 삶의 의지도 앗아 갔습니다. 몸과 마음이 메말라 버린 시민들은 분노하고 있었습니다. 무엇을 해야 할지 모르면서도 집으로 발길을 돌리는 사람은 없었죠.

그때까지만 해도 바이에른 정부는 모든 상황을 잘 통제하고 있다고 믿었습니다. 루트비히 3세도 자신의 정원에서 평화롭게 사냥하고 있었으니까요. 테레지엔비제(Theresienwiese)공원의 잔디밭 구석에 있던, 코안경을 걸치고 턱수염이 덥수룩한 백발 남성. 그가 상황을 바꾸리라고는 누구도 상상하지 못했을 겁니다. 남성은 팔을 휘저으며 고함치고 있었습니다. 그가 바로 쿠르트 아이스너였습니다. 아이스너가 동료들과 입이 닳도록 주고받던 꿈을 소리칠수록 더 많은 시민이 그의 주위로 몰려들었습니다. 아이스너의 연설에는 모든 시민의 분노가 잘 드러나 있었습니다. 참으로 분위기와 딱 맞아떨어진 연설이었습니다. 그는 깨닫지 못했지만, 혁명은 그렇게 시작되고 있었습니다.

아이스너를 둘러싼 사람들은 축제 행렬처럼 조금씩 이동했습니다. 사람들은 우선 군사들이 머무르던 뮌헨 변두리의 낡은 건물에 있는 막사로 향했습니다. 어떤 시민들은 총칼을 든 채 건물 안에 들이닥치기도 했죠. 이내 몇 분 지나지 않아 위층의 창문이 열리고 누군가 붉은 깃발을 흔들며 의기양양하게 외치는 소리가 울려 퍼졌습니다.

"군사들도 혁명에 함께하겠다고 했다! 모두 우리 편이다!"

혁명은 반대하는 사람 하나 없이 순조롭게 진행되었습니다. 총소리가 끊이지는 않았으나, 피 한 방울 흘리지 않고 큰 움직임이 일어나고 있었습니다. 밤이 깊어 갈수록 꿈을 현실로 바꾸기는 너무도 쉬워 보였습니다. 무리를 이끈 지도자들은 들고일어난 시민들과 군사들이 관청, 역, 경찰서, 도시를 차지할 때까지 호프집에서 소시지와 맥주를 먹고 마시며 기다리기로 했습니다. 아이스너도 무리에서 빠져나와 마테저브로이(Mathäserbräu) 호프집에 자리 잡았죠. 한데 모인 지도자들은 술과 안주를 앞에 두고 의견을 주고받은 끝에 노동자·군사·농민평의회를 꾸리기로 했습니다. 세 개의 평의회는 의회와 함께 운영하기로 했습니다. 계획은 완벽해지고 있었습니다. 딱 한 가지, 의회 습격만 남았죠. 시민들과 군사들은 밤에

> 노동자·군사·농민평의회를 꾸리기로 했다. 계획은 이제 완벽해지고 있었다. 딱 한 가지, 의회 습격만 남았다.

순찰하던 경비와 맞닥뜨려 열쇠를 빼앗아야만 했습니다. 그리고 회의장에 들어가 의장석을 차지했습니다.

아이스너는 굳은 정치 신념이 있는 예술가이자 문화부 기자였습니다. 선하고 보다 나은 사회를 세울 힘이 예술에서 나온다고 믿은 평화주의자이기도 했죠. 그런 그가 어떻게 이 무리를 이끄는 자리에 설 수 있었을까요?

큰일이 일어나기 며칠 전만 해도 아이스너와 그 시대의 지식인 라이너 마리아 릴케(Rainer Maria Rilke), 막스 베버(Max Weber), 오스카 마리아 그라프(Oskar Maria Graf), 토마스 만(Thomas Mann) 등은 혁명을 두고 서로 갖고 있던 생각만 나눌 뿐이었거든요. 때로는 치열하게 의견을 나누고 역정을 내기도 했다가 자신의 의견을 바꾸기도 했습니다. 애초부터 그들이 꿈꾼 세상은 맥주와 소시지, 책을 앞에 두고 피어난 환상에 지나지 않았습니다. 누구도 사람들에게 공감을 얻어 이렇게 들고일어나리라 믿지 않

앉죠. 하물며 새로운 정부와 나라의 탄생은 상상조차 할 수 없었습니다.

이들의 꿈을 현실로 바꾼 힘이 분노였음을 릴케에게서 찾아볼 수 있습니다. 위대한 시인이자 여린 사상가인 릴케는 세상의 일에 관심 없다는 듯 신문도 읽지 않았습니다. 그런 그가 정치의 소용돌이에 휘말려 혁명을 꿈꾸고 있었던 겁니다. 릴케는 어떤 편지에 이렇게 썼죠.

"벌써 며칠째 밤늦게까지 밖에 나가 있소. 오늘도 내일도 그럴 것이오."

강한 보수주의 작가 토마스 만도 혁명을 위해 들고 일어난 사람들에게 공감하기 시작했습니다. 11월 7일 밤, 토마스 만은 한편으로는 안도하고 자부심을 느끼며 "혁명이 갑작스럽게 일어나기는 했으나, 독일 혁명은 역시 독일 혁명이다."라는 글귀를 남겼습니다.

의회 습격이 있고 열흘 뒤, 시민의 기대에 맞추듯이 사건은 널리 알려졌습니다. 우아하고 수준 있는 장소인 국립극장을 통해서요. 평등을 내세운 새 정부는

베토벤의 곡을 연주하기로 하고 추첨을 통해 사람들에게 입장권을 나누어 주었습니다. 물론 귀빈석은 없었죠.

공연이 끝나자 아이스너는 무대로 올라와 연설했습니다. 조금 특이했지만 열정적인 연설은 아름답고 도덕적인 혁명의 정신을 담고 있었습니다.

"여러분! 방금 여러분의 영혼을 꿰뚫은 멜로디는 폭정의 추악함을 나타냅니다. 저 깊은 곳으로 떨어진 세상은 산산조각 난 것처럼 보입니다. 절망스러운 어둠 속에서 갑자기 트럼펫 소리가 울려 퍼집니다. 이 트럼펫은 새로운 땅, 새로운 인류, 새로운 자유가 왔음을 알리는 트럼펫입니다."

갑작스럽게 시작한 혁명은 실패로 끝났습니다. 모든 것이 바로바로 정해졌던 탓에 날이 갈수록 혁명을 이어 가기가 어려웠기 때문이죠. 11월의 어느 날, 수많은 사람을 끌어모았던 평화와 화합의 환상. 이는 오랜 상처를 얼기설기 어설프게 꿰매어 사람들을 화해로 이끌고 의회가 활발히 활동하게 하기에는 많이 부족했습

니다. 당들은 곧 새롭게 뭉쳤고 언론은 아이스너를 공격했습니다. 승리에 취해 있던 사람들은 일상으로 돌아오며 기세를 잃었습니다. 연설에서의 환호와 갈채는 조롱으로 바뀌었고요.

2주가 채 되지 않아 모든 것이 무너졌습니다. 아이스너는 선거를 해야 했죠. 그리고 혁명이 완전히 끝났음을 눈치채고 국가 평의회에서 마지막으로 연설했습니다.

"모든 분야에서 '예술'이 여러분과 함께한다면, 새로운 미래가 열릴 것입니다."

연설에서 아이스너는 보다 나은 세상을 세우는 과정에서 예술이 얼마나 중요한지 강조했습니다. 그럼에도 선거 결과는 참패였습니다. 2.5퍼센트라는 낮은 득표는 거리와 호프집에서 싹틔운 꿈을 계속 이어 나갈 희망이 사라질 만큼 끔찍했습니다.

아이스너는 다른 당들과 함께 자신의 정치적 신념을 이어 갈 수 없음을 깨달았습니다. 그리고 자리에서 물러나기로 마음먹었죠.

이것이 끝이 아니었습니다. 물러나기 위해 의회로 향하던 날 아침, 아이스너는 반대 세력 그라프 폰 아르코 아우프 발라이(Graf von Arco auf Valley)가 쏜 총 두 방을 맞고 숨졌습니다. 아르코는 이렇게 글을 남겼습니다.

"나는 볼셰비즘(20세기 초 자본주의에 반대하여 노동자들을 중심으로 정부와 사회를 바꿔야 한다는 사상)을 증오하고, 바이에른 시민을 사랑하는 선한 가톨릭 신자입니다. 나는 무엇보다 바이에른의 명예를 존중합니다. 볼셰비즘을 따르는 아이스너는 유대인이지 독일인이 아

**혁명은 진짜였다.
오랜 세월에 걸친 군주제가
막을 내리고
말았기 때문이다.**

닙니다. 그는 나라를 배반하고 있습니다."

지식인들은 제1차 세계 대전이 낳은 분노와 비참함을 보면서 사랑과 평화의 메시지를 지키고자 나섰습니다. 어떤 이들은 지지했지만 어떤 이들은 반대하는 태도를 보이며 원한을 쌓아 두고 있었던 겁니다.

아이스너의 죽음은 혼란으로 이어졌습니다. 이미 훨씬 전부터 싹트고 있던 나치즘은 화해의 움직임이 실패하자 더 빠르게 퍼졌습니다. 이와 함께 우정이나 평등이 아니라 인종과 권력 의지가 입에 오르내렸죠.

이 혁명은 한 달 남짓한 기간에도 새로운 세상이 탄생할 수 있음을 보여 주었습니다. 혁명은 진짜였거든요. 오랜 세월에 걸친 군주제가 이 혁명을 통해 막을 내리기도 했습니다. 혁명이 내세운 목표도 진짜였고요. 바이에른공화국을 세우는 데 이바지한 몇몇 비전은 아이스너와 릴케, 토마스 만을 비롯해 지식인 누구도 생각지 못한 것이었습니다. 농민과 군사, 공무원 등 시민들이 함께 내놓았죠. 누구도 가 보지 않은 길에 모두가 함께 발 디뎠던 겁니다. 혁명은 예술계에서 내보인 아름다운 가치를 향한 의지에서 시작했습니다. 또 의지만 있다면 새로운 자유를 손에 쥘 수 있음을 보여 주었고요.

도시를 마비시킨 노동자들, 승리하다
_스페인 노동자 파업

1919년 3월, 바르셀로나는 그야말로 어둠과 고요에 파묻혔습니다. 정오부터 도시 곳곳에 전기와 수도, 가스가 끊겼거든요. 공장은 기계 돌리기를 멈췄고 상점은 문을 닫았습니다. 열차는 차고지에 들어가고 길거리마다 흙먼지가 쌓였습니다. 심지어 장례 업체들조차 시신 묻기를 멈췄습니다. 도시 곳곳은 마비되었습니다. 이는 파업(더 나은 환경과 권리를 얻으려 사람들이 함께 뭉쳐 하던 일을 멈추는 일) 선언에 노동자들이 너도나도 함께한 결과였죠.

파업은 벌써 수년째 이어진 경영진과의 갈등에서 벌이는 마지막 전투였습니다. 또 노동자들이 경영진에게 느낀 절망의 결과이기도 했습니다. 정부가 보인 반응도 실망스럽기는 마찬가지였습니다. 정부의 명령으로 거리에 나온 군대가 도시에 직접 기초 서비스를 생산해 공급했습니다. 불과 몇 시간 만에 도시는 전혀 다른 모습을 하고 있었죠. 대포와 총을 갖춘 군인들은 곳곳에 가득했습니다. 기업가들이 부린 부대도 힘을 보태며 파업 참가자를 위협하고 충돌을 일으켰습니다.

도시는 곳곳이 마비되었다. 이는 파업 선언에 노동자들이 너도나도 함께한 결과였다.

*HUELGA : 파업

며칠 사이에 잡혀 가는 사람들이 수도 없이 늘어났습니다. 바르셀로나의 교도소에는 더 이상 사람들을 가둘 곳이 없을 정도였죠. 결국 잡혀 온 노동자들은 해군 선박이나 경찰 구치소에 갇혀야 했습니다. 갇힌 노동자만 1만 5000명이었고 이들에게 내려진 징역만 해도 모두 더하면 1700년이 넘었습니다.

터무니없는 수였기에 군대가 도시를 손에 넣어 이 상황을 정리하는 분위기가 더 이어질 수 없었습니다.

어쩌다 이렇게까지 되었을까요? 상황이 돌아올 수 없는 선을 넘은 것은 언제부터였을까요?

바르셀로나가 전쟁터로 변하기 전, 그날에 도대체 무슨 일이 있었을까요?

이 모두는 어떤 회사의 사무직원 여덟 명이 쫓겨나면서 시작되었습니다. 그 회사는 런던에 본부를 둔 바르셀로나에서 가장 큰 전기 회사 라카나디엔세(La Canadiense)였죠. 회사의 외국인 경영진은 더 많은 이익을 원했습니다. 그러자면 전기료를 올리는 방법 외에도 직원의 월급을 줄여야 했습니다. 경영진은 이에 반대하는 직원을 모두 내보내기로 했고요.

경영진은 노동자들의 반대를 크게 걱정하지 않았습니다. 누구든 반대할 낌새를 보이면 억누르는 일쯤이야 이미 익숙했기 때문이죠. 이제껏 바르셀로나에서 있었던 파업은 노동자들끼리 서로 부딪치고 뭉치지 못했던 탓에 여지없이 실패로 끝나곤 했습니다. 노동조합(노동자의 권리를 지키기 위해 노동자가 만든 단체. 줄여서 '노조'라고도 부른다)이 자신만의 이익과 계산에만 빠져 몸집만 키우는 상황도 도움이 되지 않았습니다. 수년 동안 이 갈등 상황에 함께했던 시인 호안 살바트 파파세이트(Joan Salvat-Papasseit)가 "왜 항상 노예는 노예와 맞서고 마는가?"라고 돌아보았듯 말입니다.

이번만큼은 달랐습니다. 러시아에서 일어난 혁명을 지켜본 노동자들은 새로운 방어법을 만들어 가고 있었거든요. 산업별로 합친 '단일 조합'에 따라 노동자 단체를 만든 것입니다. 이제 노동조합은 하나의 목표를 위해 다 함께 사회 변화를 빠르게 이끌어 내려고 준비하고 있었습니다. 노동자들이 똘똘 뭉쳐 권리를 지키고 삶의 여건을 더 낫게 할 도구로 말이죠. 그러한 까닭에 라카나디엔세 경영진이 직원 여덟 명을 내보내려 했을 때, '수도·가스·전기 단일 조합'의 지휘에 따라 모든 직원이 뭉쳐 들고일어날 수 있었습니다. 처음에는 사무직원 140명이 파업을 외쳤습니다. 뒤이어 검침원과 수금원도 고지서와 영수증 발급을 멈췄습니다.

노동자들이 원하는 바는 단호했습니다. 해고 문제만 따지지도 않았죠. 단일 조합을 시작으로 라카나디엔세 파업을 노동 문제 전체로 넓혀 보자는 목소리가 높아졌습니다. 노동자들은 해고 직원 불러들이기, 임금 올리기, 미성년자 노동 금지, 토요일 오후부터 주말 휴식 보장 등을 외쳤습니다. 특히 하루 여덟 시간 근무를 이뤄 내려고 했습니다.

라카나디엔세 경영진은 이 모두를 거절하고 서슴없이 조합과의 전쟁을 택했습니다. 먼저 2000명이 넘는 노동자를 쫓아냈습니다. 조합에 들어가지 않으면 더 높은 임금을 주겠다며 대신할 노동자를 즉시 찾아 나섰죠. 파업 참가자들은 이러한 공격에 대비해 모든 준비를 하고 있었습니다. 모아 둔 돈이 5만 페세타(지금은 사라진 스페인의 화폐 단위. 1869~2002년까지 쓰였다)를 뛰어넘었고 시민들에게 지지를 받고 있었습니다. 여기에 다른 전기 회사나 철도 회사의 노동자들까지 이 싸움에 힘을 보탰습니다. 협상을 거부하는 회사의 태도는 라

카나디엔세 변전소 직원들까지 함께하는 결과를 불렀습니다. 변전소 파업은 전기를 끊어 바르셀로나 전체를 어둠에 빠트리는 치명적인 결과로 이어졌습니다.

더 이상 충돌을 해결할 길이 없어지자 경영진은 라카나디엔세를 정부에게 넘겼습니다. 정부에게 명령받은 군대는 공공 서비스를 직접 제공하고 바르셀로나 거리를 점령했습니다. 처음에는 군대에 있는 기술자가 노동자를 대신하기도 했습니다. 파업이 점점 여러 분야로

넓게 퍼지면서 이 방법도 의미가 없어졌습니다. 운송업자들이 기계를 돌리는 데 필요한 석탄을 더 이상 공급하지 않겠다고 나선 사례에서처럼 말이죠. 결국 정부는 노동자 없이 어떤 공장도 돌릴 수 없다는 사실을 받아들여야 했습니다.

사람들을 잡아 가두거나 몽둥이 세례를 퍼부어도 아무 소용이 없었습니다. 조합은 서로 도움을 주고받을 수 있도록 폭넓은 연결 망을 세워 전쟁에 맞섰거든

요. 노동자들은 눈앞의 이해관계를 떠나 큰 뜻을 이루기 위해 함께 싸우고 있음을 잘 이해하고 있었습니다. 그에 따르는 어떠한 고통도 받아들일 준비가 되어 있었죠.

정부와 라카나디엔세 경영진은 파업위원회와 협상할 수밖에 없었습니다. 갇힌 노동자들을 풀어 주고 쫓아낸 노동자를 불러들이고 임금을 올리며 하루 여덟 시간 노동제 등 최소한의 조건으로 하는 합의만이 최선이었습니다. 교도소에서 풀려나는 노동자들을 본 뒤에 일터로 돌아가겠다는 노동자들도 몇몇 있었지만, 조합이 완벽하게 승리한 것은 틀림없어 보였습니다. 하나로 뭉친 노조 사이에 금이 갈 만큼 치열하게 토론한 끝에 노동자들은 마지못해 일터로 돌아갔습니다. 물론 갇힌 노동자들이 풀려나지 않는다면 다시 파업을 선언하겠다는 조건 아래에서였죠.

라카나디엔세 파업은 총파업으로 발전하는 데 그치지 않았다. 혁명으로 번질 염려까지 낳으면서 나라의 문제로 다루어지기에 이르렀다.

노동자들의 의심은 그대로 현실이 되었습니다. 정부와 회사 측은 약속대로 교도소에 가둔 노동자들을 풀어 주지 않았거든요. 그뿐만 아니라, 양쪽이 서명한 합의서를 무시하고 노동 환경을 좋게 바꾸지 않았습니다.

그 결과, 3월 24일에 장장 보름 이상이나 바르셀로나를 마비시키고 폭력으로 물들인 파업이 터졌습니다. 거리에 자리 잡은 군대와 경찰들은 파업에 함께한 노동자들에게 공포를 심으려 했습니다.

정부는 군대를 동원하고도 상황을 제대로 정리하지 못했습니다. 단단히 뭉친 노동자 사이의 연대는 바르셀로나를 넘어 주변 도시로 빠르게 퍼져 나갔죠.

라카나디엔세 파업은 총파업으로 발전하는 데 그치지 않았습니다. 혁명으로 번질 염려까지 낳으면서 나라의 문제로 다루어지기에 이르렀거든요. 사태가 걷잡을 수 없이 심각해지자 정부도 조합의 승리를 받아들였습니다. 그러고는 노동자들이 외친 중요한 요구들을 담은 다음의 내용을 널리 알릴 수밖에 없었습니다.

"1919년 10월 1일부로 모든 근로 장소에서 최대 노동 시간은 일일 여덟 시간 또는 주당 48시간이다."

이는 노동자들의 파업을 끝내게 하는 결과를 가져왔습니다. 이런 결과에도 노조와 회사의 충돌은 이후로도 이어졌습니다. 하루 여덟 시간 노동제가 실제로 적용되기까지는 기나긴 시간이 필요했거든요.

회사 측은 몇 년 동안이나 새롭게 바뀐 법에 따르지 않았습니다. 어렵게 손에 넣은 권리를 지키기 위해 움직이는 노동자들을 막으려고 경비원들을 부려 폭력적으로 맞섰죠.

라카나디엔세 파업은 노동자들의 손에 권력을 주지 않았다는 점에서 혁명은 아닙니다. 그러나 이 파업을 통해 노동자들은 단합의 힘을 증명해 냈습니다. 노동조합은 여러 목소리를 한데 모으는 강한 도구가 될 수 있었습니다. 그렇기에 그들의 싸움은 이제 막 시작되었을 뿐이죠.

축구로 나치에 당당히 맞서다
_기적의 분더 팀

경기가 시작된 지 78분, 모든 것이 무너졌습니다. 오스트리아 팀 선수가 독일 팀의 어설픈 수비를 뚫고 쉽게 골문을 열었던 것입니다. 양 팀의 응원단은 아무 소리도 내지 못한 채 굳었습니다. 갈고리 십자가 문양의 깃발은 펄럭임을 멈추었습니다. 경기장에 있던 모두가 벌벌 떨 만큼 공포는 현실이 되었죠. 도대체 무슨 일이 일어났던 것일까요?

골을 넣은 주인공은 축구계의 모차르트 마티아스 신델라(Matthias Sindelar) 선수였습니다. 신델라와 동료 선수들은 제복을 입은 나치 간부들이 자리한 귀빈석을 바라보며 골 세리머니를 펼쳤습니다. 들어간 골이 무슨 뜻인지는 모두가 알고 있었습니다. 보통 경기가 아니라 '독일-오스트리아 합방 기념 경기'에서 터진 골이었기 때문이죠. 이 경기는 나치 정부가 합방을 널리 알리고자 마련한 독일과 오스트리아 대표 팀 사이에 치러진 경기였습니다. 골은 곧 나치를 향한 불복종이자 조롱과 모욕으로 여겨졌습니다. 오스트리아인이 이 경기에서 넣은 골은 목숨을 위협할 만큼 위험한 행동이나 마찬가지였어요. 그럼에도 선수들은 나치에게 굽히지 않기로 결심한 터였습니다.

독일군은 오스트리아를 점령한 지 오래였어요. 합방에 관한 국민 투표처럼 이번 경기도 연극이라는 점을 오스트리아 팀 선수들은 목숨을 걸고라도 밝혀내고 싶었습니다.

시간을 몇 년 앞으로 되돌려 보겠습니다. 나치당은 다수가 친독일파인 오스트리아 국민들이 투표한다면 독일과의 합방에 찬성하리라는 생각에 총선에서 승리하기 위해 오랫동안 노력해 왔습니다. 1932년에 보수파 엥겔베르트 돌푸스(Engelbert Dollfuss)가 쿠데타(힘으로 권력을 빼앗는 일)를 일으켰습니다. 그리고 의회를 해산해 독일에 맞서는 독재 정부를 세우자 나치가 세운 계획은 힘을 잃었습니다. 이에 나치는 힘으로 오스트리아를 삼키기로 합니다. 1938년에 20만 명의 군사가 쳐들어오자 오스트리아는 나치 독일의 지방인 오스트마르크(Ostmark)주가 되었습니다. 나치는 이 전쟁이 오스트리아 국민의 소망에 따라 이루어진 일임을 널리 알리고 싶었습니다. 그리고 히틀러는 합방 국민 투표를 실시하겠다고 언론에서 발표했죠. 이를 뒷받침할 여러 행사도 기획했습니다. 그 가운데 하나가 인기 스포츠였던 축구를 이용하는 계획이었습니다.

히틀러는 저서 《나의 투쟁》에서 "스포츠로 훈련하고 애국심과 전투 정신으로 갖춘 수백만의 신체는 2년 안에 군으로 거듭날 수 있다."라고 쓴 바 있습니다. 그는 원래 독일인과 어울리지 않다는 이유로 축구를 싫

어했습니다. 하지만 '독일 국민의 신체 건강'을 훈련하는 데에 스포츠가 도움이 된다는 점을 알고 있었죠. 당시 선전부 장관이던 요제프 괴벨스(Joseph Goebbels)는 한술 더 떠 "경기에서의 승리 한 번이 동유럽 도시 하나를 공격하는 것보다 사람들에게는 더 중요하다."라고도 할 정도였으니까요.

그러한 까닭에 이 경기는 독일과 오스트리아 합방이 정당하다는 나치의 정치 홍보 활동에서 핵심 이벤트가 되었습니다. 이 경기에서 양 팀 선수와 경기를 보는 사람들이 하나로 뭉치는 모습을 보여 주어야 했습니다. 나치 정부는 경기가 0 대 0 무승부로 끝나도록 기획했죠. 크라프트두르흐프로이데(Kraft durch Freude, '기쁨의 힘'이라는 뜻. 나치가 독일 국민의 여가 생활을 기획한 기구) 단원들은 관중에게 갈고리 십자가 문양의 깃발을 나누어 주었습니다. 이어 나치 독일의 승리를 찬양하는 노래를 부르게 했습니다. 세계 언론이 지켜보는 가운데 경기장은 사람들로 가득했습니다. 이 자리에 오스트리아의 스타 플레이어들은 나치 독일을 상징하는 색의 경기복을 입고 나타나야 했습니다.

경기가 시작하기도 전에 이 모든 계획은 틀어지고

말았습니다. 오스트리아 팀 선수들은 오스트마르크주의 색 대신 빨간색과 하얀색으로 이루어진 경기복을 고집했거든요. 관중에게 오스트리아 국기를 떠올리게 하려 했던 겁니다. 지난 몇 년 동안 유럽 축구를 휩쓸었던 오스트리아를 대표한 '기적의 분더 팀'이 어떤 팀인지 보여 준 순간이었습니다. 분더 팀은 빠른 스피드와 기술을 앞세운 경기를 선보였고 투지와 팀워크도 뛰어났습니다.

경기가 시작되고 78분 동안 분더 팀이 골을 넣지 않은 까닭은 나치 정부가 금지했기 때문이었습니다. 여유롭게 수비를 뚫어도 독일 팀의 골대 근처만 가면 일부러 실수하는 등 분더 팀은 경기 내내 우세를 보였습니다. 신델라는 '종이 인간'이라 불릴 만큼 마르고 가벼운 몸집의 선수였습니다. 수비를 맡았던 카를 세스타(Karl Sesta)는 몸집이 있는 선수였죠. 선수들의 체격이 고르지 않고 들쭉날쭉했는데도 분더 팀이 더 뛰어나다는 점은 나치에게 달갑지 않았습니다.

분더 팀이 거짓 경기에 싫증이 났는지 아니면 이를 미리 계획했는지는 알 수 없습니다. 분명한 사실은 신델라가 뛰어난 경기력으로 골을 넣으면서 연극을 끝냈다

는 점입니다. 동료들은 어떠한 두려움도 없이 그의 플레이를 도왔고 골을 넣자 환호했습니다. 오스트리아 팀 선수들은 원래 계획과 달리 무승부로 경기를 마무리하지 않았습니다. 경기 결과를 2 대 0으로 만들며 나치의 계획을 완전히 무너트렸거든요.

분더 팀이 독일 팀을 무너트렸을 때 히틀러도 경기장에 있었을까요? 전해 오는 이야기에 따르면 그렇다고 합니다. 오스트리아 팀 선수들은 히틀러와 나치 간부들 앞에서 골 세리머니를 펼쳤습니다. 두 번째 득점에서는 오스트리아 사람들이 몰래 들여온 오스트리아 국기를 흔들었다고도 전해집니다. 이 밖에도 이듬해 일산화탄소 중독으로 숨진 신델라가 사실은 나치 독일의 비밀경찰인 게슈타포에게 당했다거나, 분더 팀 선수들이 경기 이후 경찰에 쫓겨 다녔다는 이야기도 있습니다.

어쨌든 당시 분더 팀의 소신 있는 행동이 파시즘(국가나 국가 지도자의 이익을 위해 개인의 자유를 억누르는 사상. 이탈리아의 무솔리니, 독일의 히틀러, 스페인의 프랑코 등이 대표적이다)에 맞선 상징적인 사건으로 사람들에게 남아 있는 사실만은 분명하죠.

나치 선전부는 분더 팀을 정치 홍보의 도구로 포기하지 않았습니다. 국민 투표 당일, 나치가 펴내던 신문 〈푈키셔베오바흐터(Völkischer Beobachter)〉는 선수들의 사진과 함께 이런 글을 실었습니다.

"선수 모두가 총통 각하께 감사를 표하고 합방에 '찬성표'를 던질 것을 격려하고 있다."

이후 오스트리아 선수들은 온갖 부상 핑계를 대면서 나치 독일의 대표 팀 옷을 입지 않으려 했습니다. 1938년, 프랑스 월드컵에서 오스트리아 선수 일부가 함께 뛰었으나 당시 독일 대표 팀의 플레이는 최악이었다는 평가가 쏟아졌습니다. 독일 대표 팀의 성적도 조별 리그 탈락이었죠.

분더 팀이 망친 안슐루스(나치가 오스트리아를 합방한 사건을 이르는 독일어) 기념 경기는 어떤 의미가 있을까요? 이미 나치 독일의 군대인 베어마흐트(Wehmacht)가 오스트리아를 함락했기 때문에 합방은 막을 수 없었어요. 이런 상황에서 분더 팀은 나치 정부의 계획을 한 번쯤은 무너트리는 데 성공했습니다. 나치에게 이 축구 경기는 사람들 앞에서 망신을 당한 사건이자 작은 패배로 기억될 테니까요.

오스트리아 국기처럼 빨간색과 하얀색이 어우러진 경기복을 입고 나선 분더 팀. 그들은 뛰어난 실력으로 독일 선수들을 허둥거리게 했습니다. 또 나치 간부들이 카를 세스타의 중거리 슛을 보며 자신들의 계획이 물거품이 되는 것을 지켜보도록 했죠. 분더 팀은 독일과 오스트리아의 합방을 기념한 경기 이후 오스트리아만을 대표하는 팀으로 계속 뛸 수 없음을 잘 알았습니다. 그 경기가 분더 팀이 조국 오스트리아에 바칠 수 있는 마지막 경기였던 셈이죠. 운동 경기를 부당함에 맞서는 행동으로 변화시킨 것. 분더 팀이 보여 준 마지막 '기적'이었습니다.

파시즘을 막아 낸 자부심
_케이블가 전투

유대교 회당(집회나 회의를 하려고 지은 건물)은 텅 비어 있었습니다. 상점도 술집도 그날 아침에는 문을 열지 않았죠. 창문 틈으로도 누구 하나 보이는 사람은 없었습니다. 신문을 나누어 주는 사람도, 항만(바닷가가 굽어 들어가서 배가 머물거나 짐 또는 사람이 오르내리기 좋은 곳)에서 일하는 사람도 보이지 않았습니다. 런던의 이스트엔드 일대는 완전히 유령 도시로 바뀌었습니다. 긴장이 감도는 분위기만이 사람들로 북적이던 과거와 불안한 대비를 이룰 뿐이었죠.

맥스 레비타스(Max Levitas)는 건물 안에 몸을 숨기고 시계를 보면서 정해진 시간이 오기만을 기다렸습니다. 그의 곁에는 아버지와 형을 비롯해 일명 '형제들'이라 불리는 남성들이 있었습니다. '형제들'에는 유대인, 아일랜드계 가톨릭 신자, 무신론자 등 여러 사람이 있었습니다. 정치적 신념이 있는 사람도, 정치에 아무런 관심이 없는 사람도 섞여 있었습니다. 이들을 한데 모은 것은 정치도, 나라도, 종교도 아니었습니다. 시민의 존엄함을 함께 보여 주겠다는 저항의 의지였죠.

이 이야기는 1936년 10월에 있었던 일입니다. 영국 파시스트연합은 유대인이 모여 사는 지역인 이스트엔드에서 '검은셔츠단(Blackshirts)'의 행진을 계획했습니다. 지역 주민들이 행진에 반대하는 서명을 10만 개도 넘게 모았지만 아무 소용이 없었습니다. 파시스트의 '유대인 사냥'을 정부가 허락했기 때문이죠.

무솔리니의 파시즘 정권을 부러워하던 영국의 젊은 귀족 오스왈드 모슬리(Oswald Mosley)는 대단한 야심가였습니다. 그가 이끄는 영국파시스트연합은 작지만 위험한 당이었어요. 이 당은 영국 의회의 민주주의 의지를 위협하고 있었습니다. 더 나아가 런던 거리에 공포를 주는 조직으로까지 발전했습니다.

검은셔츠단은 스스로를 국가에 봉사하는 조직으로 여겼습니다. '제국'이라는 영국을 지킬 사명을 띠고 있다고 믿었죠. 단원들은 손을 뻗어 올리는 파시스트 인사법을 상징처럼 주고받았으며 유대인 혐오를 외쳤습니다. 그들이 외친 혐오주의(어떤 대상을 싫어하고 미워하는 사고방식)는 영국 사회에서 폭넓은 지지를 받지 못했습니다. 그럼에도 제1차 세계 대전 이후 유럽을 휩쓴 정치적, 경제적 위기 상황과 맞물려 퍼져 나갔습니다.

모슬리는 자신의 주장이 힘을 얻을 수 있는 최고의 순간이 왔다고 생각했습니다. 영국의 노동자 계급은 숨이 막힐 만큼 고통스러운 가난에 시달리고 있었습니다. 스페인에서는 또 다른 독재자 프랑코의 군대가 기세를 올리고 있었고요. 이탈리아에서는 무솔리니가 힘을 키우고 모슬리에게 자금을 댈 준비를 마쳤습니다. 당시 나치즘(파시즘에서도 가장 억압이 심하고 거친 독일의 파시즘)은 절정에 달해 유럽이 히틀러의 발아래 엎드릴 것만 같았습니다.

사실 영국에서 유대인을 없애 버리려는 계획은 성공한 적이 없었습니다. 브리티시파시스트(British Fascists), 제국파시스트연맹(Imperial Fascists League)처럼 파시즘을 외치는 당들이 보수당에 가로막혀 번번이 실패했거든요. 반(反)유대주의자들은 이번에야말로 자신들의 세력을 뿌리내릴 진짜 기회가 왔다고 생각했습니다.

이렇게 영국과 유럽 곳곳이 불안하던 때 검은셔츠단의 행진이 성공한다면 어떻게 될까요? 모슬리의 파시스트 운동은 세력이 더 커질 게 분명했습니다. 또 폭력을 휘둘러 두려움을 일으키는 파시스트 운동이 영국에 자리 잡을 수 있다는 뜻이었죠. 이스트엔드 주민들은 파시스트에게 쉽게 밀릴 생각이 없었습니다. 그들은 "지나가지 못하리라!"를 외치며 검은셔츠단의 행진을 막기 위해 힘을 모았습니다. 그리고 거리를 지키기 위해 너나없이 나섰죠.

1936년, 맥스 레비타스는 불과 스물한 살이었습니다. 파시즘에 반대하는 신념에서 했던 위험한 행동도 처음이 아니었습니다. 2년 전에는 런던의 트래펄가광장에서 넬슨 제독 기념탑의 주춧돌 네 귀퉁이에 '파시즘 반대'라는 문구를 커다랗게 썼다가 붙잡힌 적도 있었으니까요. 그렇기에 그는 검은셔츠단에 맞서는 준비에도 형제들과 함께 주저 없이 나설 수 있었죠.

동이 트기 전 주민들은 나무 탁자, 사다리, 문짝,

돌멩이, 그릇, 유리, 쇳덩이 등, 방어벽을 쌓기 좋은 단단하고 커다란 물건들을 닥치는 대로 끌어모았습니다. 중요한 곳마다 공격 도구들을 준비해 놓고 길을 막기 위해서 트럭도 세워 놓았습니다. 무기는 없었지만 전투 준비에 부족함이 없다고 굳게 믿었습니다. 몇 년이 지난 후 맥스 레비타스는 "검은셔츠단을 멈춰야만 했습니다. 그래서 우리는 하나로 똘똘 뭉쳐 싸웠습니다."라고 당시를 회상했습니다.

마침내 행진 시간이 다가왔습니다. 검은셔츠단이 나타나기 직전까지도 텅텅 비어 있던 거리에 주민들이 한꺼번에 쏟아져 나왔습니다. 이스트엔드를 감싸던 고요함은 순식간에 사라졌습니다. 수천 명의 주민이 눈 깜짝할 사이에 커다란 방어벽을 쌓자, 경찰들도 검은셔츠단도 허를 찔렸습니다.

주민들은 주먹을 높이 쳐들고 파시즘 반대를 외치면서, 행진하는 검은셔츠단을 막아섰습니다. 검은셔츠단과 함께 온 경찰 부대도 주민과 검은셔츠단의 충돌을 막기 위해 배치되었습니다. 모슬리가 직접 이끌던 검은셔츠단은 전술이나 수에서 주민들보다 뒤처지고 있다는 사실을 깨닫지 못했습니다. 그들은 경찰들의 방어벽을 뚫고 케이블가를 지나 동네 안으로 들어섰죠.

주민들은 이미 준비되어 있었습니다. 방어벽을 쌓아 놨을 뿐만 아니라, 경찰들이 끼어드는 것을 막기 위해 유리 조각과 쇠구슬까지 흩뿌려 놓은 상태였습니다. 남녀노소 할 것 없이 발코니에서 검은셔츠단을 향해 돌멩이와 쓰레기를 던지고 뜨거운 물을 부어 댔습

니다. 검은셔츠단은 완전히 갇힌 채 주민들에게 둘러싸였습니다. 이날 이스트엔드와 영국의 긍지를 지키기 위해 나선 주민은 2만 명 이상으로 봅니다. 두 무리가 부딪치면서 곧 아수라장이 되었고 다친 사람도 수백 명이나 나왔습니다. 검은셔츠단은 반격조차 하지 못했습니다. 그저 맞으면서 쫓겨날 뿐이었죠. 그들은 호되게 망신만 당하고 사방으로 흩어져 달아날 수밖에 없었습니다. 검은셔츠단의 패배는 확실했습니다. 경찰들이 몽둥이를 휘두르며 이 싸움을 끝내려 했지만, 검은셔츠단의 당황스럽고 일방적인 패배를 감춰 주지 못했습니다. 승리에 취한 주민들은 도망가던 모슬리의 차를 뒤쫓아 몽둥이를 내리치기도 했습니다.

그날 이후 영국파시스트연합은 기세가 꺾이고 말았습니다. "지나가지 못하리라."라는 주민들의 합창 소리는 현실이 되어 더 이상 검은셔츠단의 행진을 볼 수 없었죠. 자부심을 갖고 맞서 싸운 이스트엔드 주민들은 파시즘이 영국 곳곳을 덮치리라는 예상을 날려 버렸습니다. 영국파시스트연합은 총선에서 2퍼센트의 표를 얻는 데 그치고 말았고요.

10월 4일의 충돌은 '케이블가 전투'라 불렸습니다. 케이블가 전투 이후 영국 정부는 정치색을 나타내는 유니폼을 입고 시위하는 것을 막았습니다. 모슬리의 영국파시스트연합은 지지 세력을 점차 잃었습니다. 한때 "검은셔츠단 만세!"라는 끔찍한 제목을 달고 영국파시스트연합을 응원했던 일간지 〈데일리메일〉조차 입을 꾹 다물었습니다. 당원 수는 빠르게 줄었고 기업인들이 보내던 자금도 끊겼습니다. 무솔리니의 지원금과 모슬리의 개인 수입으로 근신히 이어 갈 뿐이었죠.

제2차 세계 대전이 시작되고 1940년에 영국파시스트연합은 끝내 사라졌습니다. 정부는 모슬리와 당원 800명을 잡아들였습니다. 이스트엔드 주민들의 싸움은 영국에서 퍼지는 파시즘을 막아 낸 일등 공신이었습니다. 케이블가에서 들고일어났던 주민들은 여러 생각을 듣고 받아들이는 마음이야말로 한쪽으로 치우친 생각을 가진 단체가 주는 공포나 위협보다 강할 수 있음을 보여 주었습니다.

이스트엔드를 시작으로 영국의 파시즘은 힘을 잃고 사라졌습니다. 방어벽을 쌓아 맞섰던 주민들에게 유럽에서 파시즘을 몰아내겠다는 의지는 이제 막 불붙었을 뿐이었죠. 케이블가 전투가 끝나고 몇 년 뒤 당시 이스트엔드 주민이었던 데이비드 로몬(David Lomon)은 그날의 경험을 이렇게 말하기도 했습니다.

"히틀러와 무솔리니, 프랑코에 반대해 보다 적극적으로 행동하는 계기가 됐습니다. 스페인 국민이 스페인과 전 세계를 위협하고 있는 파시즘과 싸우는 지금. 그들에게 힘을 보태기 위해 함께하기로 했습니다."

"지나가지 못하리라."라는 말은 영국을 넘어 그렇게 스페인에서도 울려 퍼졌습니다. 스페인 사람들이 민주주의를 지키기 위해 한데 모여 외치는 구호가 되었죠. 고향도, 종교도, 이념도 뛰어넘은 이스트엔드 주민들처럼 파시즘 반대는 세계적인 연대를 바탕으로 굳건해졌습니다. 파시즘 반대 운동에 나선 이들은 똘똘 뭉쳐 싸우는 평범한 사람들이었죠.

THEY
SHALL
NOT
PASS

*THEY SHALL NOT PASS : 지나가지 못하리라.

이탈리아 저항 군대의 꽃
_파르티잔

오늘 아침 일어나
오 내 사랑 안녕, 내 사랑 안녕.
내 사랑 안녕, 안녕, 안녕히.
오늘 아침 일어나
침략자들을 보았다오.

세계에서 가장 유명한 반파시즘 노래 〈벨라 차오(안녕 내 사랑)〉는 이렇게 시작합니다. 〈벨라 차오〉는 오늘날까지 다양하게 편곡되어 나온 곡만 수백 개가 있습니다. 또 영화나 드라마의 배경 음악으로도 자주 등장하고 있죠. 이탈리아에서 부르던 노래지만 전 세계 대중음악의 또 다른 상징으로 자리 잡았다 해도 지나친 말이 아닙니다.

이제 〈벨라 차오〉에 담긴 내용은 이탈리아 사람들의 기억에만 남아 있는 듯합니다. 노랫말이 지닌 뜻을 생각하지 않고 콧노래를 부르는 사람들에게는 정치와 관계없는 하나의 노래일 뿐이죠. 파시즘에 맞선 저항 운동과 이탈리아에서 저항 운동을 일으킨 파르티잔의 역사를 잊거나 잊고 싶은 사람들에게도 마찬가지입니다.

〈벨라 차오〉는 천진난만하거나 유쾌한 내용이 아닙니다. 전쟁에서 생긴 이별을 이야기하고 죽음과 희생을 말하는 감상적인 노래죠. 〈벨라 차오〉는 1943년 9월, 나치가 이끄는 군대가 이탈리아 북부를 공격한 후 산악 지역에서 널리 불렸습니다.

무솔리니가 힘을 잃자 나치는 이탈리아의 북부를 점령했습니다. 제2차 세계 대전 동안 이탈리아는 경제적·군사적으로 어려움을 겪으면서 무솔리니의 힘도 약해졌죠. 파시즘을 지지하는 이탈리아인도 점차 줄어들었습니다. 무솔리니의 독재 정부는 그렇게 흔들렸습니다. 이에 이탈리아의 국왕 비토리오 에마누엘레 3세는 무솔리니를 권력에서 몰아내고 잡아들이라 명령한 뒤 연합군에 항복했습니다.

나치는 이탈리아에서 파시즘이 사라지는 것을 가만히 두고 볼 수 없었습니다. 히틀러는 이탈리아가 연합군에 넘어가는 것을 막기 위해 이탈리아를 공격했죠. 나치는 습격 작전을 펼쳐 감옥에 있던 무솔리니를 구하고 이탈리아 북부를 손에 넣었습니다. 그 뒤 무솔리니는 살로공화국으로 알려진 이탈리아사회공화국을 세웠습니다. 그날 이후 이탈리아는 둘로 나뉜 채, 서로 부딪쳤습니다. 우선 나치의 매서운 공격은 이탈리아 군대를 모래 위의 성처럼 무너트렸습니다. 북부에 있던 많은 군인은 도망쳐 나와 나치의 눈을 피해 몸을 숨겨야 했죠. 산악 지역의 주민들은 옷을 가져다주고 잠잘 곳을 마련해 주며 도망친 이탈리아 군사들을 도왔습니다.

그들은 여기저기 흩어져 기습하는 게릴라로 다시 태어났습니다. '파르티잔'이라 불리며 점점 힘을 모아 파시즘에 맞섰죠.

나치가 공격해 온 1943년 9월 이전에도 무솔리니의 독재 정부에 반대하던 비밀 단체들은 여럿 있었습니다. 농촌 지역을 중심으로 노동자와 농민, 유대인 피난민 등이 뭉쳐 만든 단체들이었죠. 이들 단체는 몇 년째 세력을 키우며 파르티잔 운동의 뼈대가 되었습니다. 도망친 이탈리아 군사들이 합류하면서 이전의 파시즘

반대 단체는 무기를 갖추어 군대로 거듭날 수 있었습니다. 이들은 나치군이 쉽게 올 수 없는 먼 산악 지역으로 넘어 온 사람들이었죠. 파시즘과 나치즘에 맞서려 뭉친 파르티잔은 30만 명 이상이었으리라 짐작합니다. 파르티잔은 정치색을 뛰어넘는 다양한 사람으로 이루어져 있었습니다. 이들은 장교 출신의 군인이 지휘하고 도망친 군사가 훔쳐 온 얼마 되지 않는 무기만 가진 채 싸웠습니다. 또 이탈리아의 중북부 지방은 산이 험해서 군대가 이동하기 어렵다는 점을 잘 이용해 전투를 벌였습니다.

파르티잔의 전투는 전 세계에서 파시즘 반대의 상

징이 되었습니다. 마음을 모아 뭉친 주민들에게도 나치에 맞서 승리한 감동의 역사로 기억되고 있죠.

승리를 거두기까지 파르티잔은 힘들고 슬픈 여정을 이어 가야 했습니다. 어떤 이들에겐 파르티잔으로 싸우는 것이 운명이기도 했습니다. 당시 이탈리아에 있던 유대인이 그 주인공이었어요. 수용소에 끌려가지 않으려고 도망 다니거나 산속에 숨어 지내는 것만이 그들이 살아남을 수 있는 방법이었죠. 프리모 레비(Primo Levi)와 같은 작가들도 민간인 군대에서 활동하기도 했고요.

파르티잔이 되면 가족도, 자신의 정체성도 다 버려야 했습니다. 산속에 들어가는 순간 과거는 사라지고 전쟁터에 맞는 새로운 이름으로 불렸죠. 파르티잔의 전투는 하루아침에도 몇 번씩 갑작스럽게 벌어졌다 끝났습니다. 〈벨라 차오〉의 가사에 "오늘 아침 일어나 침략자들을 보았다오."라고 노래하는 구절은 결코 과장이 아니었습니다.

추운 밤에 모닥불을 쬐며 나치의 점령지에서 사람들을 구해 낸 후 감성에 젖어 〈벨라 차오〉를 부르는 파르티잔을 상상해 보세요. 〈벨라 차오〉는 파르티잔이 공동체 의식을 기르는 데 도움을 준 일종의 군가였습니다.

〈벨라 차오〉가 언제부터 파르티잔 사이에서 불렸는지는 확실하지 않습니다. 가장 유명한 파르티잔 조직인 마리엘라 부대에서 불리기 시작했다는 이야기가 있습니다. 1944년 10월에 파르티잔이 이탈리아의 북동부 도시 알바를 해방시키고 알바공화국을 선언할 때 불리는 것을 들었다는 이야기도 있고요.

시간이 흐르면서 〈벨라 차오〉는 새로운 분위기의 노래들로 나타났습니다. 원래 이탈리아 북부의 논에서 쌀농사를 짓던 농부들의 노동요였다고 보기도 하고요. 고대 유대인의 노래에서 비롯했다고 보는 사람도 있습니다. 어디에서 시작했든 〈벨라 차오〉의 노랫말은 사람들에게 공감을 얻기에 충분하다는 점이죠.

오 파르티잔이여, 나를 데려가 주오.
나는 죽을 준비가 되었다오.

〈벨라 차오〉는 가족을 뒤로하고 무기를 드는 것만이 중요하다고 노래하지 않습니다. 파르티잔의 싸움이 파시즘에 맞서는 운동의 상징이 되어 사람들에게 울림을 주어야 한다는 데까지 나아가고 있죠. 사람들에게 파시즘 반대를 새기는 일. 모든 사람에게 호소할 수 있는 이야기를 만들어 내는 일. 그것이야말로 파르티잔의 저항이 남긴 진정한 선물입니다. 우리 모두는 언제든 침략자에 맞서 들고일어나야 하는 순간을 맞이할 수 있기 때문이죠.

내가 파르티잔으로 죽으면,
그대는 나를 묻어 주어야 할 거요.
산에 묘를 파 주오.
(중략) 아름다운 꽃그늘 아래
그러면 그곳을 지나는 사람들은
(중략) 꽃이 아름답다 내게 말하겠지.
이것은 파르티잔의 꽃!
자유를 위해 죽은 파르티잔의 꽃이오.

더 나은 다른 세상을 꿈꾸다
1960~1990

KINGSLEY HALL

환자를 존중하지 않는 진료에 맞서다
_킹슬리홀

영화배우 숀 코네리는 킹슬리홀의 지하 식당에 들어서자마자, 몇 시간 전에 이곳에서 벌어졌다는 일을 믿을 수 없었습니다. 그가 식당에 들어서던 순간에도 그 일은 계속되고 있었지만요.

당시 코네리는 영화 〈007〉에서 제임스 본드 역을 맡아 세계적으로 큰 인기를 누리며 활동하고 있었습니다. 배우로서의 명성이나 영화 속 화려하고 멋진 인물을 연기하기가 마냥 좋지는 않았습니다. 자신의 매혹적인 눈빛이 욕심 많은 자본주의(자유로운 시장 경제와 개인의 재산 소유를 인정하는 사상)의 상징처럼 느껴졌기 때문이죠. 그는 새로운 사고방식과 삶을 찾고 있었습니다. 코네리는 오후 즈음 킹슬리홀에 도착했습니다. 런던의 포위스가에 있는 킹슬리홀은 1920년대부터 이스트엔드의 문화 중심지였습니다. 또 주민들에게 여러 교육을 하던 지역 센터이기도 했죠. 1931년에 간디가 이곳에서 12주 동안 머문 뒤 조지 버나드 쇼, 찰리 채플린 등처럼 유명한 사람들이 방문하면서 널리 알려졌습니다.

정신의학자 로널드 랭(Ronald David Laing)이 얼마 전 그곳에서 시작한 새로운 연구 계획은 코네리를 킹슬리홀로 이끌었습니다. 새 연구 계획이란 바로 1960년대 반문화(사회에서 유행하는 문화에 반대하거나 도전하는 문화) 운동이 일어날 때 널리 퍼진 '반정신 의학' 계획이었습니다.

랭은 정신병의 원인을 환자가 놓인 실제 상황에서 찾아야 한다고 믿었습니다. 그리고 가두거나 전기로 충격을 주거나 약물 등의 치료로는 환자에게서 효과를 거두기 어렵다는 반정신 의학을 주장했죠. 여기에 공감하는 사람들은 많아졌습니다. 그렇게 1960년대 말에 반정신 의학은 이전의 정신과 치료를 바꿔 보자는 운동으로 발전했습니다.

랭의 주도로 낡은 킹슬리홀에 반정신 의학 센터를 차린 정신과 의사들은 1965년부터 1970년까지 그곳을 운영했습니다. 조현병(사고와 감정, 행동 등에 이상이 생기는 정신병) 같은 진단을 받은 사람들이 찾아와 편히 쉴 수 있도록 건물을 조금만 고친 뒤 문을 열었죠. 킹슬리홀은 몸을 편히 쉬는 곳이 되어 주었을 뿐 아니라, 흔히 미쳤다고 하는 '광기'를 자유롭게 표현하도록 했습니다. 킹슬리홀의 정신과 의사들은 정신병을 거친 방법으로 치료하려고 하면 오히려 증상이 오래간다고 믿었습니다. 그들은 알맞은 환경을 갖춘 곳에서 환자의 정신이 조금씩 바뀌기를 바랐습니다.

킹슬리홀에서는 모든 사람이 함께 지냈습니다. 의사와 환자, 건강한 사람과 아픈 사람 사이에는 어떠한 위아래도 없었습니다. 모든 것을 나누고 모든 결정을 다 같이 내리며 함께 살았죠. 킹슬리홀의 공동체에서 가장 중요한 원칙은 '자유'였습니다. 모든 구성원은 언제든지 원할 때 들어왔다 나갈 수 있었습니다. 모든 문을 열어 두었고 어떠한 행동도 막지 않았습니다.

이곳에서는 광기를 인간의 정신이 죽었다가 다시 태어날 수 있는 기회로 보았습니다. 유년기로 되돌아가 스스로를 치료하고 있다고 말이죠. 랭은 '마음 돌이킴'이라 불렀습니다. 마음 돌이킴은 강한 환각제를 먹었을 때처럼 지난날을 상상하는 과정이기도 합니다.

코네리는 새롭고도 광기 넘치는 이 경험을 직접 겪어 보고 싶었습니다. 코네리 이전에도 자유 사상가와 지식인이 이곳을 찾아 명상하거나 강연하거나 사진을 촬영했었습니다. 킹슬리홀은 반정신 의학 기관들을 잇는 연결 망의 중심이 되어 런던 곳곳에 알려졌습니다. 이곳에 300명이 넘는 사람들이 머물렀죠.

숀 코네리가 킹슬리홀을 찾은 날 밤에 파티가 열렸습니다. 꾸밈없이 있는 그대로의 자신을 내보이는 파티는 킹슬리홀에서 그다지 특별하지 않았지만요. 사람들은 마시고 이야기하며 어울렸습니다. 자세한 내용은 알 수 없지만, 코네리 역시 자신을 내려놓고 파티를 즐겼던 것 같습니다. 이튿날 아침, 조용히 차 한 잔을 마시기 위해 식당 의자에 앉는 순간, 그는 파티에서 자신의 영혼을 자유롭게 해 주었던 킹슬리홀 사람들에게 고마움을 표현하고 싶었습니다. 마음껏 파티를 즐긴 코네리는 상쾌함을 느끼며 평온한 마음으로 킹슬리홀을 떠날 수 있었습니다.

코네리의 경험은 킹슬리홀, 나아가 반정신 의학에 있는 바람직한 면을 보여 줍니다. 마음의 변화를 느끼고 스스로를 성장하게 할 수 있는 마법 같은 곳. 쓸모가 있는지 없는지 따지는 매정함에서 벗어나 새로운 삶을 경험하는 곳. 킹슬리홀은 그런 곳이었습니다.

물론 킹슬리홀에 좋은 면만 있는 것은 아닙니다. 판단이 분명하지 않은 면도 있으니까요. 코네리가 밤을 함께 보낸 사람들과 작별 인사를 나누고 있을 때, 킹슬리홀의 지하실에서는 또 다른 사건이 벌어지고 있었습니다. 유쾌하진 않지만, 반정신 의학을 제대로 이해하려면 빠트릴 수 없는 사건이었습니다.

사건의 주인공은 메리 반스(Mary Barnes)였습니다. 그녀는 조현병 진단을 받고 킹슬리홀에서 지내던 여성입니다. 반스는 '마음 돌이킴'에서 그림을 발견하고 지하실 벽에 자신의 대소변으로 그림을 그렸습니다. '마음 돌이킴'을 시작한 이래로 늘 알몸으로 돌아다니면서 이해할 수 없는 비명을 질러 대기도 했죠. 젖병에 담아 주지 않으면 무언가를 결코 먹지도 않았고요.

반스의 행동은 킹슬리홀에 있는 사람들이 함께 생활하는 데 문제를 일으켰습니다. 또 킹슬리홀이 실패한 실험이며 반정신 의학은 위험한 방법이라고 생각하는 사람들에게 좋은 트집거리가 되었습니다. 로널드 랭의 아들인 아드리안 랭이 훗날 한 고백처럼 말이죠.

"모든 사람이 환자로 변해 버렸습니다. 킹슬리홀에는 혼란만 가득했죠. 그곳에서는 광기를 지나치게 받아들였습니다. 아버지는 통제력을 완전히 잃고 먼저 그곳에서 벗어났어요. 아버지조차 미쳐 있었기 때문일 겁니다."

이러한 결과는 정말 킹슬리홀의 바람직한 면까지 망가트렸을까요? 킹슬리홀을 비롯해 런던에 문을 열었던 반정신 의학 기관들은 환자가 정신병 때문에 자기도 모르게 광기 어린 행동을 하는 것이 아니라고 생각했습니다. 오히려 환자들을 자신의 행동에 책임이 있는 한 사람이라고 받아들였죠. 그래서 괴짜 같이 행동하는 환자를 가두지 않고 자유로운 환경에서 스스로 행동을 고치게끔 도운 것입니다. 끔찍할 만큼 환자를 억누르던 다른 병원들과 사회에서 받아들이지 않는 광기를 업신여기지도 않았고요. 정상에서 벗어난 어떠한 행동도 심각한 병으로 보지 않았습니다. 반정신 의학이 주는 메시지는 단순했습니다. 환자를 치료 대상으로만 보던 시선이 병보다 훨씬 나쁘다는 것입니다. 또 정신병이 '가족'이라는 좁은 울타리에서만 다룰 문제가 아니라고 보았습니다. 가족이라는 울타리 바깥에서도 다루어질 수 있다는 모델도 보여 주었습니다. 메리 반스가 대표적인 예였고요.

반스는 킹슬리홀 사람들에게 도움을 받아 점차 대소변을 쓰지 않고 그림을 그렸습니다. 그 끝에 전 세계에 작품을 전시하는 유명한 화가가 되었죠. 심리 치료사인 조셉 버크와 함께 자신의 치료 과정을 설명하는 책 《광기를 통한 여행》을 내기도 했습니다.

킹슬리홀의 실험과 반정신 의학 운동은 크게 실패하기도 했고 크게 성공하기도 했습니다. 킹슬리홀의 실험을 정상과 정답만 강요하는 현실에 가정과 병원이 맞선 움직임이었다고 보면 어떨까요?

반정신 의학이 반문화와 함께 사그라든 것은 사실입니다. 그럼에도 '정신 의학'이라는 학문을 뿌리부터 바꾸고 '정상적인 사람'에 집착하는 생각에서 벗어날 실마리를 주었다는 점에서 거둔 성공은 분명합니다.

킹슬리홀의 실험, 그리고 1960년대 정신병을 바라보는 생각의 변화. 이후 누구도 다른 사람을 '정상' 또는 '비정상'이라고 딱 잘라 말할 수 없었습니다.

학생과 노동자가 함께 외치다
_68 운동

오전 10시경 영화감독 장 뤽 고다르와 프랑수아 트뤼포는 소리를 지르면서 칸 영화제(프랑스의 해변 도시 칸에서 해마다 열리는 권위 있는 국제 영화제) 행사장에 들이닥쳤습니다. 1968년 5월의 일이었습니다. 두 감독에게는 영화제를 멈추게 하겠다는 분명한 목표가 있었습니다. 행사장에서는 스페인의 영화감독 카를로스 사우라의 〈얼음에 얼린 박하〉가 상영되려던 참이었습니다. 사우라 감독 역시 영화제를 멈추는 데 찬성하고 있었습니다. 그 당시 프랑스 사회를 휩쓸던 저항 운동에 영화계도 힘을 보태자는 피켓 시위(널빤지 따위에 주장을 써서 들고 사람들에게 알리는 시위)가 일어나고 있었거든요.

"우리는 학생, 노동자와 함께하자고 외치는데, 여러분은 카메라 각도니 클로즈업이니 이런 이야기만 하고 있군요. 참으로 어리석고 못됐소."

고다르는 다른 두 감독이 은막(상을 비추어 볼 수 있는, 빛의 반사율이 높은 흰색 막)에 매달려 영화 상영을 막는 동안 무대 위에 올라 이렇게 외쳤습니다. 들이닥친 이들은 영화제의 운영 요원들과 몸싸움을 벌였습니다. 고다르의 안경은 누군가의 주먹에 날아갔습니다. 그럼에도 아랑곳하지 않고 사람들 앞에서 뜨겁게 외쳤습니다. 도시와 거리가 엉망일 때 한가로이 열리는 영화제가 그들에게는 그저 우스꽝스러울 뿐이었거든요. 다음

은 고다르의 말입니다.

"지금 노동자나 학생 문제를 다룬 영화는 단 한 편도 없군요. 저나 포만 감독, 폴란스키 감독, 프랑수아 감독의 영화는 한 편도 없어요. 단 한 편도! 일주일 전 맞고 쓰러진 학생들이야말로 우리에게 모범과 교훈을 보이고 있습니다."

모니카 비티와 테렌스 영, 로만 폴란스키 등 영화계 거장들로 이루어진 심사 위원단은 자리에서 물러났습니다. 밀로스 포만을 비롯한 몇몇 감독은 영화제 출품을 취소했고요. 이에 주최 측도 어쩌지 못하고 영화제를 취소하기에 이르렀습니다. 칸 영화제의 취소는 제2차 세계 대전 이후 처음 있는 일이었습니다. 1968년 5월 혁명의 바리케이드(방어벽)는 그렇게 천국의 휴양 도시 칸에도 세워진 겁니다.

평소대로라면 칸에서 일어난 소동은 몇 주 동안이나 신문과 잡지, 토크 쇼를 장식하기에 충분했습니다. 신문의 사회면에서 다루기 좋은 신선한 내용인데다 사람들 입에서 오르내리기 안성맞춤이었거든요. 이 소동은 당시에 세계에서 어떤 일이 벌어지고 있었는지 이야기할 때 빼놓을 수 없는 중요한 사건이었습니다. 그럼

에도 사람들에게 잘 알려지지 않은 채로 묻혀 버렸습니다. 도대체 무슨 일이 일어났던 것일까요?

지금도 1968년의 세계를 돌아볼 때면 '프랑스의 5월' 이야기가 빠지지 않습니다. '68 학생 운동'이라 불리는 당시의 저항 운동은 프랑스 국경을 넘어 훨씬 더 멀리 뻗어 나갔죠. 거의 동시에 멕시코, 일본, 미국, 이탈리아, 체코슬로바키아 그리고 프랑코 독재의 스페인에서까지 반문화 정신이 폭발하고 있었습니다. 이유는 다음처럼 다양했어요.

시민권을 지키려고. 국민을 억누르려는 세력에 맞서려고. 노동자의 권리를 주장하려고. 사회주의에 반대하려고 등등. 기다렸다는 듯이 여기저기에서 한 세대가 다 같이 들고일어나 용감하게 시위를 벌였다는 점은 다를 바 없었습니다.

흔히 알려진 바와 달리, 프랑스의 시위는 5월이 아니라 3월에 시작됐습니다. 파리 근교에 있는 낭테르대학에서 말이죠. 이유는 평범했어요. 남학생은 여학생 기숙사에, 여학생은 남학생 기숙사의 출입을 학교가 막았다는 것이었습니다. 여기에 맞서 남녀 숙소 분리에 반대하는 학생 단체가 꾸려져 68 운동이 싹을 틔웠습니다. 1960년대 프랑스 사회가 얼마나 고지식했는지 보여 주는 사건이었죠. 이 사건은 이익에 눈이 멀어 시작한 베트남 전쟁에 반대하고 비판하는 운동으로까지 이어졌습니다. 그렇게 학생들이 무려 한 달 가까이 학교 시설을 차지하자 낭테르대학은 5월 2일에 휴교령을 내리고 경찰에 도움을 요청했습니다. 이 결정은 이후 68 운동에 중요한 전환점이 되었습니다. 그 결과, 학생들은 파리의 소르본대학으로 옮겨 가 시위했습니다. 대학생 집회는 파리 전체로 퍼져 나갔어요.

처음 학생들 사이에서 운동이 퍼져 나갈 무렵 시위를 이끈 사람은 '붉은 대니'라는 별명으로 알려진 다니엘 콘벤디트(Daniel Cohn-Bendit)였습니다. 그는 머리색이 붉고 당돌하며, 사람을 꿰뚫어 보는 듯한 눈빛을 지닌 청년이었습니다. 말할 때마다 짓는 풍부한 표정. 날카로운 목소리. 정부 관리들 앞에서도 당당하게 자기주장을 펼치는 담력. 이 타고난 능력들 덕분에 학생들에게 카리스마 넘치고 매력적인 지도자로 떠올랐습니다. 특히 대학 측이 콘벤디트를 쫓아내자 더욱 많은 학생이 그를 따랐습니다. 그러나 저항 운동을 이끄는 힘은 '대니 한 사람'에게서만 나오지 않았습니다. 여러 이념을 받아들이는 다양성과 계급을 따지지 않고 모두를 아우르는 포용에서 비롯했거든요. 시위대는 하나의 이념만 좇지 않고 여러 사상과 의견을 두루 받아들였습니다. 한 명의 지도자만을 고집하지도 않았죠. 계급 없이 더 자유롭고 정의로우며 즐거운 사회를 만들기 위해서는 단체 행동이 필요하다는 생각만을 나눌 뿐이었습니다.

소르본대학을 점령한 학생들은 68 운동의 상징인 바리케이드를 세우고 커다란 규모의 집회를 시작했습니다. 누군가 건물 벽에 써 놓은 "보도블록을 들추어라. 그 아래에 해변이 나타날 것이다(경찰에게 그 돌을 던지라는 명령이 아닌 현실의 껍데기를 벗고 나오자를 비유로 표현한 68 운동 구호)."라는 글귀는 언뜻 낭만적인 외침으로 보였습니다. 이는 학생들이 경찰들과 적극적으로 싸울 것을 북돋는 구호이기도 했습니다. 파리 거리에 내걸린 "불가능한 것을 요구하라."라는 문구는 학생들이 예닐곱 시간이나 길거리에서 시위하며 최루 가스와 몽둥이, 물 대포를 이겨 내야 한다는 뜻이기도 했습니다. 또

계급
사회의
폐지

싸움은 계속된다.

노동자들은 그들의
일터에서

승리할 것이다!

아름다움은

길 위에 있다.

일상으로
돌아오라!

경찰들을 향해 화염병을 던지는 일은 시위대의 반대편에 선 나라를 공격하는 일과 마찬가지였습니다. 드골 대통령과 조르주 퐁피두 총리는 온갖 방법을 써도 집회 참가자들을 진정시키지 못했습니다. 일부 단체들은 노동자들이 중심인 정부를 세우고 기업을 나라의 것으로 만들자는 꿈까지 꾸었습니다. 당시의 프랑스는 언제든 무너질 수 있다는 느낌을 지울 수 없었죠. 5월 초의 폭력은 점점 거칠어져 갔습니다. 콩벤디트가 '바리케이드의 밤'이라 부른 5월 10일 밤, 과거에도, 앞으로도 없을 놀라운 일이 벌어졌습니다.

"집회 참가자들은 경찰에게서 자신을 보호하는 데 바리케이드가 얼마나 도움이 될지, 바리케이드를 어떻게 쌓는 게 좋을지 이야기하고 있었습니다. 또 생각만 맞는다면 서로 다른 무리에도 정치적인 의견을 나눌 수 있으리라 보았죠. 사람들은 하나의 지도부가 여러 무리를 이끌 전략을 세우고 리더십을 보일 필요가 없다고 느꼈어요. 그러자 바리케이드 사이를 오가며 연락하던 동지들을 통해 모두 함께 행동하자는 의견이 오

갔고요. 이 결정은 시위에 더욱 불을 붙였어요. 젊은 노동자, 사회 초년생, 대학생, 고등학생이 처음으로 마주하고 하나가 되었죠."라고 콩벤디트는 회상했습니다.

모두가 함께한다는 콩벤디트의 꿈은 적어도 며칠 동안 현실이 되었습니다. 집회에 함께하는 노동자들이 점차 늘어나자 노동조합도 학생들과 한편에 섰죠. 르노와 에어프랑스, 프랑스국유철도(SNCF)를 시작으로 파업이 퍼졌고 노동자들은 공장을 점거했습니다. 이들은 최저 임금 올리기, 노동 시간 줄이기, 자유로운 조합 활동 등을 외치며 일하는 환경을 바꾸어 달라고 외쳤습니다. 소란한 분위기에서 여러 사람이 함께했습니다. 이제 집회는 학생들만의 일이 아니었습니다. 집회가 프랑스 국민에게 관심을 받자 정부도 시위대를 범죄자로 몰고 갈 수 없었죠. 그저 로큰롤과 텔레비전에 빠져 철없이 방황하는 청년들로 볼 뿐이었습니다.

처음에 노동자들은 대학생들을 시위의 동지로 받아들이지 않았습니다. 훗날 일터에서 자신의 상사가 될 중산층의 아들딸들이라는 의심을 거두지 못했던 겁니다. 시간이 흐르고 노동자와 대학생은 '학생을 위한 대학, 노동자를 위한 공장'이라 적힌 플래카드를 들고 함께 행진하며 끈끈한 관계를 드러냈습니다. 5월 11일이 되자 노동자들은 기한 없는 파업에 들어갔습니다. 남녀 구분 없는 기숙사 이용에서 시작한 운동은 이제

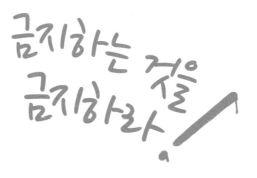

노동 문제로까지 옮겨 갔습니다. 파업으로 전기가 끊겼고 도시는 마비되어 몇 주 동안 커다란 혼란에 빠졌습니다. 파리가 이렇게 시끄러울 때에 영화감독 고다르와 트뤼포가 칸 영화제에 들이닥쳤던 것입니다. 그들의 행동이 밑도 끝도 없이 유별났다고 볼 수 없는 이유입니다. 이 시위는 수도 파리를 넘어 널리 퍼지고 있었습니다. 프랑스 곳곳에서 학생과 노동자가 함께하는 시위가 열렸습니다. 지방의 대도시마다 집회가 열렸고 노동자들의 일터 점거가 이어졌습니다. 정부는 나라를, 조합은 노동자를 통제하지 못했습니다. 돈의 가치가 뚝 떨어지면서 경제도 무너지기 직전이었습니다. 여기서 프랑스 정부는 '붉은 대니'를 쫓아내는 커다란 실수까지 저지르고 맙니다. 독일계 유대인인 '붉은 대니'의 추방은 나치 정부가 막을 내리고 20년밖에 되지 않은 때 사람들에게 반발을 불렀습니다. 무엇보다도 시위대와 정부 사이에서 화해를 이끌어 낼 수 있는 단 한 명을 없애 버린 셈이었죠.

폭력도 마다하지 않는 거친 시위가 계속 이어졌습니다. 여기서 끝내면 안 된다는 생각만으로 시위가 이어졌던 것입니다. 시간이 흐르면서 사람들의 가슴을 뛰게 했던 방어벽은 점차 아무런 감흥도 주지 못했습니다. 사람들은 날이 저물면 유행하는 술집에 가듯, 점거한 소르본대학이나 오데옹극장의 건물을 찾아 혁명의 분위기에 빠져들곤 했습니다.

1968년 5월의 일들이 언제 끝을 맺었는지 정확히 말하기 어렵습니다. 어떤 사람들은 정부가 노동자와 학생 사이의 연합이 느슨해진 틈을 파고들어 협상한 순간부터라고 합니다. 노동자가 다시 일터로 돌아갈 만큼 솔깃한 제안을 내밀면서 노조와 당을 협상 테이블에 앉힌 그 순간 말이죠. 한편에서는 드골 대통령이 5월 30일에 의회 연설을 통해 선거를 발표하고 시위대에게 도전장을 내민 순간부터라고 보는 사람들도 있습니다. 그때까지도 시위는 끝나지 않았습니다. 6월에도 파리의 어떤 지역은 전쟁이나 다름없는 상태에 있었으니까요.

1968년에 벌어진 이 운동을 고생 없이 자라 일상이 따분하다고만 여기던 젊은 반항아들의 못된 장난이라고 말하는 사람도 많습니다. 학생들은 무엇을 이루고자 했을까요? 부당한 대학 제도의 변화? 자본주의 붕괴? 시민이 세우는 새로운 정부? 분명한 것은 없습니다. 사회를 비판하고 벗어나자는 그 정신이 프랑스 외의 나라에서는 또 다른 모습으로 나타났기에 더더욱 알 수 없습니다.

하룻밤의 시위가 아니었던 터라 심심했던 청년들의 한낱 놀잇감이었다는 말은 위험해 보입니다. 고다르와 트뤼포 감독이 영화계 스타들과 함께 칸 영화제 무대와 관람석을 점거한 일은 세련된 시위처럼 보일 수 있습니다. 고다르도 다른 예술가나 지식인처럼 사회의 변화를 부르짖으며 일어난 시위에 다른 모습으로 함께 했으니까요. 학생과 노동자의 연합은 역사의 흐름을 바꾸지 못한 순간의 신기루였을지도 모릅니다. 하지만 지금까지도 자유를 간절히 바라며 싸우는 사람들에게 길을 밝혀 주는 동맹이었음은 분명합니다. 그들이 한데 뭉쳤다는 사실은 1968년 5월이 남긴 최고의 유산이기도 하고요.

창문을 부수면 문이 열리리라
_스톤월 항쟁

전 세계의 성 소수자들은 해마다 6월이면 '프라이드 퍼레이드(자긍심 행진)'라는 축제를 열어 행진합니다. 그런데 이 프라이드 퍼레이드에 의문을 품은 사람들이 있었습니다. 그들은 2019년에 집회를 열고 "스톤월은 돌아오리라. 게이(남성을 사랑하는 남성), 백인의 자긍심은 수치일 뿐이다."라고 적힌 플래카드를 들었습니다. 이 집회가 있던 2019년 6월은 특별한 날이었습니다. 그날은 성 소수자 인권 운동에 불을 붙인 스톤월 항쟁이 50주년을 맞이한 날이었거든요. 많은 사람이 스톤월의 저항 정신을 기리기 위해 거리로 나왔습니다. 사람들은 프라이드 퍼레이드가 정치와 관계없이 돈벌이 행사가 되어 다양성을 잃고

라이드 퍼레이드가 백인 중산층의 게이나 이들을 지지하는 사람들 위주로 열린다는 데 반대했습니다. 집회에는 "최초의 자긍심은 저항이었다."라고 적은 플래카드도 나타났죠. 실제로 그러했습니다.

스톤월 항쟁은 사회에서 소외되거나 차별을 받던 트랜스젠더(타고난 성별을 바꾼 사람), 레즈비언(여성을 사랑하는 여성), 유색 인종, 노동자 계급이 앞장서서 이끌었습니다. 서로 얼굴도 모르던 이들은 형제자매처럼 한마음으로 움직였죠. 무려 5일 밤 내내 뉴욕의 거리를 뒤흔들며 성 소수자 운동의 의미를 영원히 바꿀 만한 외침을 남겼던 겁니다.

사회 비판을 멈추었다고 생각했습니다. 이에 '상처받은 자긍심'이라는 슬로건을 내걸기도 했죠. 그들은 프

모든 것은 뉴욕 그리니치빌리지의 크리스토퍼가 53번지에 있는 술집 '스톤월(Stonewall Inn)'에서 시작되었습니다. 당시 그곳의 술집들은 이탈리아계 미국인 마피아가 휘어잡고 있었죠. '스톤월'도 마리오(Mario), 주키(Zucchi), 토니(Fat Tony)라는 마피아 3인방이

운영하고 있었습니다. 이들은 나라에서 술을 팔 수 있도록 허가를 받지 못했어요. 그래서 스톤월을 누구나 자유롭게 만날 수 있는 클럽처럼 바꾸고 음료수처럼 꾸민 병에 술을 담아 팔고 있었습니다. 이러한 속임수는 마피아가 경찰들에게 뇌물을 준 덕분에 통할 수 있었습니다. 경찰들은 일주일에 한 번씩, 스톤월에 들러 봉투 여러 장에 담긴 2000달러를 들고 가서 상관들과 나누었습니다. 스톤월에서 상당한 돈을 벌어들인 마피아 3인방은 가게에 돈을 쓰지 않았습니다. 가게는 깨끗한 물이 흐르지 않아 위생이 엉망이었어요. 전기도 제대로 들어오지 않았고 음악

원하는 사람이 되어 원하는 사람과 만날 수 있었습니다. 그들은 불빛들이 희미하게 깜빡이는 무대에 올라 서로 뒤섞인 채 춤추었습니다. 가끔씩 가게를 비추는 하얀 불빛은 경찰들이 단속하러 오고 있으니 종업원들과 손님들은 어서 도망가라는 경고였습니다. 그 덕분에 경찰들이 들이닥칠 때면 스톤월은 다시 평범한 클럽으로 돌아와 있었죠. 비밀스럽고 수상한 거래의 흔적도, 이상한 옷을 입거나 특이한 화장을 한 사람들의 흔적도 찾아볼 수

소리도 간간이 끊겨 들렸죠. 술집이라기보다는 무기나 값비싼 보석들을 몰래 사고파는 비밀 거래 장소처럼 보였습니다.

법의 힘이 미치지 않는 스톤월은 성 소수자들에게 안전한 곳이었습니다. 날마다 길거리에서 비난받고 경찰에게 쫓기는 삶에서 벗어나 쉴 수 있는 곳. 스톤월은 그런 곳이었습니다. 스톤월을 찾는 성 소수자들은 집에 온 듯한 편안함을 느꼈습니다. 이곳에서만큼은 사회에서의 신분과 상관없이 누구나 원하는 대로 옷을 입고

없었습니다.

경찰들이 성별과 어울리지 않는 옷을 걸친 사람들을 추적해 올 때면 스톤월은 이렇게 위기에서 빠져나오곤 했습니다.

1969년 6월 새벽, 경찰들이 예고도 없이 스톤월에 들이닥쳤을 때였습니다. 사람들의 반응은 예상치 못한 결과로 이어졌습니다. 순식간에 하나가 된 사람들은 경찰들의 폭력에 더 격렬한 폭력으로 맞섰습니다. 갑자기 쳐들어온 이들은 늘 찾아오던 뉴욕의 썩어 빠진 경찰들이 아니었습니다. 경찰들의 진짜 정체는 뇌물 문제로 스톤월을 지켜보던 주류·담배·총기 단속 팀의 연방 요원들이었거든요. 결국 스톤월은 낌새도 알아채지 못한 채 갑작스럽게 단속을 당했습니다. 스톤월에 있던 사람들은 곧 깨달았습니다. 동성애 처벌 규정을 되뇌며 정의롭게 구는 척하는 경찰들이 얼마나 난폭하게 성 소

수자들을 대하는지 말이죠. 경찰들은 술집 문을 부수고 들어오자마자 수상하게 보이는 사람들을 있는 대로 잡아들였습니다. 여자 같은 남자, 여자 옷을 입은 남자, 남자끼리 또는 여자끼리 춤추고 있는 사람 모두가 대상이었습니다. 손님들도 가만히 있지 않았습니다. 잡힌 사람들을 끌고 갈 차들이 골목에 들어서자, 술집에서 도망쳐 나온 손님들과 주변 가게에 있던 사람들이 분노에 차서 스톤월 앞에 모여들었습니다. 곧 야유가 터져 나오며 순찰차를 향해 서슴없이 공격이 이루어졌습니다.

실비아 리베라(Sylvia Rivera)도 단속을 피해 술집에서 빠져나온 사람 가운데 하나였습니다. 훗날 트랜스젠더 운동의 상징적 인물이 된 리베라는 스톤월의 단골손님이었죠. 그녀는 이렇게 회상합니다.

"사람들에게서 복받쳐 오르는 감정을 느낄 수 있었습니다. 누구라도 느낄 수 있었을 겁니다. 사람들은 모두 그 감정에 사로잡혔으니까요."

열한 살 때부터 길거리에서 성매매를 하던 푸에르토리코 출신인 성 소수자 리베라는 온갖 차별과 모욕을 당하며 살고 있었습니다.

"경찰이 아니더라도 게이나 드래그 퀸(남성이 여장하는 행위)을 보면 폭력을 휘두르는 사람들이 늘 있었습니다. 그 시절에는 당연한 일이라고 받아들였지만, 기분 좋은 경험은 결코 아니었어요."

성 소수자였던 리베라의 삶이 어떠했는지 보여 주는 말입니다. 6월의 그 날은 리베라에게, 마샤 존슨(Marsha P. Johnson)에게, 태미 노박(Tammy Novak)에게, 스톤월에 있던 다른 모든 사람에게 새로운 삶을 시작하는 계기가 되었습니다. 대다수 여성이었던 이들은 '스톤월 항쟁'으로만 끝내지 않았습니다. 사회에서 무시당하던 성 소수자들이 자기 목소리를 낼 수 있는 진정한 저항의 길을 함께 열었거든요. 리베라는 그 시작을 다음처럼 기억합니다.

"화염병을 던지던 사람이 기억에 남는군요. 누군지는 모르겠지만 나와 눈이 마주치자 스페인어로 '세상에, 결국 혁명이 일어났어!'라고 말했습니다. 그 말에 나는 '자유를 달라! 이제 우리는 자유다!' 하고 외쳤죠. 정말 기분 좋은 경험이었어요."

경찰들이 시위자들을 어찌하지 못하고 스톤월 안으로 피하자 여기저기서 화염병이 날아들었습니다. 잡힌 사람들 가운데 차에서 빠져나와 경찰에게서 수갑 열쇠를 뺏는 이도 있었습니다. 당시 단속에 나섰던 경찰들은 시위를 처음 보는 것도 아닌데 크게 놀랐다고 할 정도였습니다.

욕을 퍼붓고 빈 병을 던지고 경찰들이 갇혀 있는 술집에 불을 지르려 하는 등 폭력은 여기저기에서 터졌습니다. 경찰들은 곧 시위 진압대가 오면 사람들도 도망가리라 믿었습니다. 그러나 현실은 달랐죠. 진압대는 45분이 지나서야 도착했습니다. 이들이 몽둥이와 방패, 최루 가스를 손에 들었을 때는 이미 시위대가 싸울 준비를 마친 뒤였습니다. 시위대는 끊임없이 모이고 흩어지기를 반복하며 경찰들의 뒤로 돌아가 손쉽게 방어하고 공격했습니다. 화가 난 경찰들이 손에 닿는 대로 몽둥이를 휘둘렀지만, 시위대는 요리조리 뛰어다니며 이들을 비웃었습니다. 이렇듯 시위대는 날렵하게 경찰들에게 맞섰습니다. 그 대응이 최고에 달한 순간은 드래

그 퀸 무리가 팔짱을 끼고 캉캉 춤을 추며 함께 노래할 때였습니다. 후에 이 노래는 역사가 되었습니다.

우리는 스톤월의 여자들.
머리에는 파마를 했어.
속옷은 입지 않아.
이곳의 여왕은 우리.
우리는 항상 청바지를 입어.
머리에는 파마를 했어.
우리는 여자라고 믿으니까.

길 위의 전투가 몇 시간이나 이어지는 동안 폭력은 단 한 순간도 멈추지 않았습니다. 시위자들은 주차장에 들어가 자동차들을 뒤집어엎고 경찰들을 향해 보도블록을 던졌습니다. 경찰들도 지지 않고 힘으로 맞섰죠.

"경찰들은 우리의 머리를 몽둥이로 내리쳤습니다. 그걸 본 순간, 우리를 멈추게 할 수 있는 말은 없었어요. 단 한 마디도요."

리베라의 기억입니다. 결국 경찰들은 새벽 3시 35분이 되어서야 비상소집을 해제했습니다. 네 명의 경찰들과 수많은 시민이 크게 다친 후였어요. 리베라는 다치지 않았지만 시위자들의 피에 흠뻑 젖었습니다. 경찰들은 뒤늦게 상황을 정리했지만, 진짜 싸움은 이제 시작되었을 뿐이었습니다.

간밤의 소동은 이튿날 뉴욕의 게이들 사이로 퍼져 나가며 많은 논란을 낳았습니다. 당장 그날 아침부터 동성애를 감싸는 운동권에서조차 서로 다른 의견이 나오며 갈라졌죠. 그때까지만 해도 동성애 운동가들은

자신들의 인권을 보호해 달라고 외치는 활동만 하고 있었습니다. 직접 행동에 나서기를 꺼려 동성애에 대한 정부와 사회의 생각을 조용히 그리고 서서히 바꾸고자 했습니다. 그들은 사랑이 남녀 사이에 이루어져야 한다는 사회 규범에 맞추려고 노력했습니다. 누구도 불편해하지 않는 선에서 동성애자의 인권을 이야기했죠. 해마다 열리는 집회에서도 손 내밀어 하는 악수조차 금지했을 만큼 조심했습니다.

스톤월의 저항은 이런 분위기에 맞서는 전혀 다른 움직임이었습니다. 미국에서 가장 큰 동성애 단체인 매터신협회(Mattachine Society) 회원들조차 "같은 동성애자로서 여러분에게 요청합니다. 조용히 행동하고 거리의 평화를 지킵시다."라고 대문짝만 하게 쓴 글을 스톤월에 붙일 정도였으니까요. 이 글에 눈길을 주는 사람은 거의 없었습니다. 시위대는 닷새 동안이나 크리스토퍼가를 가득 메웠어요. 경찰들도 물러서지 않았습니다. 오히려 더 공들여 작전을 짜서 시위대를 막으려고 했습니다. 경찰들과 시위대는 계속 부딪쳤습니다. 시위대의 노래가 울려 퍼지는 가운데 잡동사니가 날아다니고 여기저기가 불탔습니다. 시간이 지나면서 폭력은 점차 수그러들었죠. 시위대가 폭력보다 상징적인 행동에 관심을 두었거든요. 성 소수자의 생각을 담은 잡지를 만들고 앞으로도 함께 목소리를 높일 동지들을 불러 모았습니다. 글로 경찰 측을 공격할 수 있는 커다란 언론사와 접촉하는 이들도 생겼습니다.

이제 뉴스에서 나오는 소식은 거친 폭력 시위가 아니었습니다. 1950년대 사회에 반항하던 세대를 대표하는 유명한 시인 앨런 긴즈버그(Allen Ginsberg)가 스톤월

을 찾아 게이들에게 힘을 보탰다는 희망적인 소식도 나왔습니다.

스톤월 항쟁은 성 소수자들이 숨지 않고 당당히 뭉쳐 행동할 때 진정한 변화를 사회에 심을 수 있음을 보여 줬습니다. 이미 오래전부터 "창문에 돌을 던져 봐야 주인은 문을 열어 주지 않는다."라며 동성애 인권 운동가들의 행동을 잠재우려고만 했던 사람들이 있었습니다. 스톤월 항쟁은 그들이 틀렸음을 똑똑히 보여 주었습니다.

6월의 새벽, 많은 성 소수자가 깨달았습니다. 자기 자신에게 떳떳하지 못할 필요가 없으며 자긍심을 하나로 모으면 큰 목소리를 낼 수 있다는 사실을 말이죠. 그날 새벽에 깨진 창문 조각은 사회를 향한 문을 열고 있었습니다.

시몬 드 보부아르(Simone de Beauvoir)

마리 프랑스 피지에(Marie-France Pisier)

마리나 블라디(Marina Vlady)

잔 모로(Jeanne Moreau)

델핀 세리그(Delphine Seyrig)

카트린 드뇌브(Catherine Deneuve)

아그네스 바르다(Agnes Varda)

뷜 오지에(Bulle Ogier)

프랑수아즈 사강(Francoise Sagan)

마르그리트 뒤라스(Marguerite Duras)

비올레트 르딕(Violette Leduc)

베르나데트 라퐁(Bernadette Lafont)

부끄러움을 모르는 여성들의 선언
_343선언

"나는 낙태한 적이 있다."

"나는 낙태한 적이 있다."

"나는 낙태한 적이 있다."

1971년, 프랑스에서 낙태 사실을 밝히는 일은 엄청난 용기가 필요했습니다. 이는 변화를 꺼린 프랑스 사회에서 여성의 권리를 강하게 외치는 일이었죠. 또 범죄를 인정하고 그에 따른 처벌도 받아들이겠다는 행동이기도 했습니다. 누구든 낙태한 적이 있다고 고백하면

여성들은 그 어느 때보다 강하게 사회를 향해 들고일어났습니다. 선언은 다음처럼 시작됩니다.

프랑스에서 해마다 100만 명의 여성이 낙태한다. 의사에게는 간단한 수술이지만, 비밀리에 이루어지기 때문에 여성들은 위험한 환경에서 낙태한다. 그동안 낙태한 수많은 여성 앞에서 우리는 침묵해 왔다. 나도 그 낙태한 여성들 가운데 하나임을 밝힌다.

"나는 낙태한 적이 있다."
"나는 낙태한 적이 있다."
"나는 낙태한 적이 있다."

많은 위험을 떠안아야 했어요. 낙태를 주제로 토론하는 일도 상상할 수 없던 시대였고요. 그런데 상상할 수 없는 그 일이 4월의 어느 아침 일어난 것입니다! 프랑스에서 343명의 여성이 잡지 〈누벨옵세르바퇴르(Le Nouvel Observateur)〉에 자신이 낙태한 적이 있다고 밝히며 낙태 처벌에 반대한다고 발표한 선언문. 이 선언문에 서명한

그야말로 깜짝 선언이었습니다. 이는 곧 사회에서 엄청난 반응을 불러왔죠. 여론을 뒤흔들고 정부와 줄다리기하는 위험한 행동이었으니까요. 과연 검찰은 어떻게 행동할까요? 언론을 떠들썩하게 하더라도 서명한 여성들을 찾아내 잡아들일까요? 아니면 여성들의 당돌한 행동을 무시하고 낙태를 반대하는 종교 가톨릭

과 부딪칠까요?

선언은 사회에 커다란 논란을 불러일으켰습니다. 낙태 사실을 밝힌 여성들 가운데에는 시몬 드 보부아르(Simone de Beauvoir), 아그네스 바르다(Agnés Varda), 마르그리트 뒤라스(Marguerite Duras), 카트린 드뇌브(Catherine Deneuve), 잔 모로(Jeanne Moreau), 비올레트 르딕(Violette Leduc), 프랑수아즈 사강(Françoise Sagan), 모니크 위티그(Monique Wittig) 등 이름만 대면 누구나 아는 작가나 배우가 있었거든요. 모두 유명한 사람들이다 보니 검찰도 무턱대고 행동하기가 어려웠습니다. 섣불리 잡아들였다가는 사람들에게 받을 비난은 뻔했습니다. 결국 검찰은 서명한 여성들을 잡아 재판에 넘기지 못했습니다.

프랑스는 물론 전 세계적으로 존경을 받던 여성 지식인 시몬 드 보부아르는 직접 선언문을 썼습니다. 보부아르는 1949년에 발표한 책 《제2의 성》에서 낙태할 권리를 주장하며 여성 운동의 중심으로 떠오른 인물이었죠.

사실 보부아르는 오랫동안 여성 운동과 거리를 두고 있었습니다. 《제2의 성》에서도 여성들의 사회 운동과 자신의 생각이 서로 다르다며 선을 긋는 모습을 보였습니다. 그러다 1960년대 말에 68 운동의 영향을 받은 뒤 직접 발로 뛰며 행동했습니다. 잡지 〈여성문제〉를 공동 창간하고, '343선언'을 썼습니다. 친구에게 성폭행을 당해 임신하자 어쩔 수 없이 낙태한 소녀와 낙태를 도운 소녀의 어머니가 법정에 섰던 '보비니 재판'에서 모녀를 풀어 달라고 외치기도 했죠.

'343선언'이 발표되자마자 반대하는 목소리가 들끓었습니다. 물론 예상했던 결과였죠. 낙태를 반대하는 종교 가톨릭에 크게 영향을 받는 프랑스 사회가 조용할 리 없었거든요. 사람들은 '살인'과 다름없다고 생각해 낙태를 반대했어요. 〈누벨옵세르바퇴르〉는 화가 난 독자들에게 편지를 수천 통이나 받았습니다. 대부분 보부아르를 향한 편지였죠. 그렇게 비난의 화살은 보부아르에게 집중되고 있었습니다.

'343선언'과 함께 떠올릴 만큼 유명한 반응도 있습니다. 사회 풍자로 유명한 잡지 〈샤를리에브도(Charlie Hebdo)〉의 논평입니다. 〈샤를리에브도〉는 선언문이 발표되고 열흘 남짓 되었을 때 "낙태 선언에 참여한 343명의 여우를 누가 임신하게 했는가?"라는 질문과 함께 "프랑스!" 하고 대답하는 미셸 드브레(Michel Debré) 장관의 그림을 표지로 내놓았습니다. 이는 선언에 함께한 여성들이 생각 없이 헤프다며 비아냥대던 사람들을 겨냥한 풍자였습니다. 이때부터 '343선언'은 '343명의 부

누벨
옵세르바퇴르

"나는 낙태했다"
선언에 서명한
343명의 용기 있는
프랑스 여성들

"우리 몸은 우리 것이다!"
'343선언'에서
1971년 4월 5일

낙태. 페미니스트가 싸우는 이유를 이보다 잘 나타내는 말은 없다. '페미니스트'라는 말은 자유롭게 낙태할 권리를 위해 싸운다는 말과 같다.

낙태. 이는 여성들의 문제이다. 뜻 그대로 부엌과 기저귀처럼 지저분한 것이다. 자유롭게 낙태할 권리를 위해 싸우는 일은 누군가에게 하찮고 쩨쩨해 보일지 모른다. 언제나 여성에게서는 병원 냄새, 음식 냄새, 기저귀 냄새가 난다고 여기기 때문이다.

자유롭게 낙태할 권리를 위해 싸우면서 느끼는 복잡한 심정. 이는 우리가 스스로 책임지고 권리를 위해 싸울 가치가 있다고 깨닫기가 얼마나 어려운지 보여 준다. 이 사회에서 남성과 달리 여성은 자기 몸을 마음대로 할 권리가 없다. 그렇다. 해도 우리 몸은 우리 것이다.

자유롭게 낙태할 권리를 누린다 하더라도 여성 운동이 끝나지는 않을 것이다. 낙태할 권리는 우리가 외치는 기본 요구들의 하나일 뿐이다. 이를 이해하지 못한다면 낙태를 둘러싼 논쟁을 시작할 수 없다. 자신의 몸을 되찾는 일은 여성에게 목숨과도 같은 일이다. 지금 여성에게 놓인 상황은 역사에서도 비슷한 예를 찾아보기 어렵다. 인간이 자기 몸을 마음대로 할 수 없는 이 말도 안 되는 상황이 지금 여성들이 처한 현실이다. 이제껏 이런 상황을 겪은 사람은 노예밖에 없다.

우리의 싸움은 계속된다. 해마다 150만 명의 여성이 절망과 부끄러움에 빠진다. 그 가운데 5000명은 목숨을 잃는다. 그런데도 우리 사회의 도덕적 가치는 아무 일 없다는 듯 조금도 바뀌지 않고 있다. 우리는 외치고 싶다.

*끄*러움도 모르는 여성들' 또는 '여우들의 선언'으로 사람들에게 알려졌습니다.

여성들은 자신을 모욕하는 단어를 일부러 쓰기도 했습니다. '343선언'으로 프랑스 사회의 위선을 드러내고 싶었기 때문입니다. 낙태를 범죄로 보는 현실은 계층 문제와도 맞닿아 있었습니다. 돈이 많은 여성들은 네덜란드나 영국, 스위스 등 주변 나라의 병원에서 낙태 수술을 받았습니다. 하지만 돈이 없는 여성들은 불법 수술에 몸을 맡길 수밖에 없었습니다. 스스로를 '여우'라고 부른 까닭은 낙태한 여성이라는 낙인을 지우고 사람들에게서 쏟아지는 비난을 막으려는 생각이었습니다. 또 가난하다는 이유로 불법 낙태를 해 스스로를 위험에 빠트릴 수밖에 없었던 여성들과 모두 같은 마음임을 나타내기 위함이었습니다.

보부아르는 선언문을 쓰는 과정에서 딱 부러지지 않는 표현은 지웠습니다. 그런 뜻에서 "나는 낙태한 적이 있다."만큼 확실한 문장이 없다고 생각했습니다. "나는 여성의 낙태를 눈감아 준 공범이다."처럼 남성도 함께할 수 있는 열린 표현을 쓰기도 했습니다. 실제로 여기에 프랑수아 트뤼포 감독 등 남성 유명 인사들에게 서명도 받았습니다. 그렇게 자신의 낙태 경험을 있는 그대로 나타내는 표현을 밀고 가기로 마음먹었습니다. 선언이 프랑스의 사회를 뒤흔들려면 과감한 표현이어야 한다고 굳게 믿었죠.

선언은 즉시 어떤 결과를 낳지는 않았습니다. 그럼에도 4년 후 낙태가 합법화되기까지 사회에 변화의

선언은 시민의 저항이 무엇인지 보여 주었다. 서로 다른, 때로는 반대 의견을 가진 여성 수백 명을 하나로 뭉치게 했기에 혁명이었다.

바람을 몰고 온 것은 분명했죠. 누구나 낙태에 의견을 주고받을 수 있는 토론이 열렸습니다. 그리고 사람들의 예상을 뒤엎고 낙태를 허용하는 '베이유법'이 만들어졌습니다.

부끄러움을 모르는 여성 343명의 선언은 중요한 의미를 남겼습니다. 사회를 자극하는 일을 넘어서 진정한 시민의 저항이 무엇인지 몸소 보여 주었기 때문이죠. 선언문에 서명하는 일은 혁명이었습니다. 서로 너무나 다른, 때로는 반대되는 의견을 가진 여성 수백 명을 하나로 뭉치게 했기 때문입니다.

서명한 여성들 모두 자유롭게 낙태할 권리와 함께 무료로 낙태할 권리까지 외치지는 않았습니다. 그럼에도 낙태할 권리를 위해 싸우겠다는 의지만큼은 서로 다르지 않았습니다. 343명의 여성은 "나는 낙태한 적이 있다."라고 한목소리로 외치기까지 다른 의견을 가진 사람과도 하나가 되는 일이 얼마나 중요한지 잘 알고 있었습니다.

343명의 여성과 거리에서 쉼 없이 싸운 페미니즘 운동가들 덕분에 프랑스 의회는 낙태 합법화 법안을 통과시켰습니다. 그렇게 부끄러움도 모르는 여성 343명은 승리를 거두었죠.

여성은 사랑으로 일하는 것이 아니다
_가사 노동 임금 운동

때로는 책 한 권이 우리의 삶을 바꾸기도 합니다. 지금부터 살펴볼 실비아의 이야기가 책이 바꾼 삶의 좋은 예입니다. 1972년 7월 초 더위가 한창이던 어느 여름날, 그녀는 뉴욕에서 이탈리아의 파도바까지 날아갔습니다. 몇 년이나 이어진, 아직도 끝나지 않은 싸움을 하기 위해서였습니다.

실비아가 대서양을 건너 멀리 날아간 까닭은 이탈리아의 여성 운동가 마리아로사 달라 코스타(Mariarosa Dalla Costa)가 쓴 책 때문이었습니다. 이 책에는 사회에서 자본주의를 실현할 수 있었던 데에는 여성들이 돈을 받지 않고 집안일을 한 덕분이라는 이야기가 담겨 있었습니다. 또 집안일을 공장 일만큼이나 생산적인 활동으로 봐야 한다는 생각도 있었습니다. 여성의 권리를 외치는 페미니즘과 자본주의에 반대하는 반자본주의를 한데 합친 내용도 다루고 있었죠.

달라 코스타의 문제는 여기서 더 나아가지 못하고 집안일의 대가를 요구하지 않았다는 데 있었습니다. 달라 코스타가 말한 대로라면 집안일을 한 여성에게도 돈을 줘야 했습니다. 실비아는 책이 그런 결론을 담지 않았다는 점을 이해할 수 없었죠. 책의 열렬한 독자였던 실비아는 여성이 이룬 부를 여성에게 되돌려 줘야 한다고 생각했습니다. 또 사회를 향해 이를 외칠 필요

가 있다고 느꼈죠. 책을 읽은 그녀는 자신과 똑같은 생각을 한 여러 나라의 여성 운동가들을 만나려고 이탈리아 파도바에 갔던 것입니다.

파도바에 모인 운동가들은 이틀 동안 쉴 새 없이 토론했습니다. 이론에만 머무른 책과 달리 운동가들은 직접 행동하기로 했죠. 각자 자기 나라로 돌아가 집안일에도 대가를 달라고 외치는 운동을 펼치기로 한 것입니다. 실비아는 이렇게 이야기했습니다.

"시간이 흐르면서 당시 토론했던 내용을 많이 잊어버리긴 했어요. 그때 쉽지 않은 운동이 될 것이라며 사람들이 걱정하던 기억은 납니다. 여성 운동은 조직적이지 않고 자유롭게 이루어지고 있었어요. 또 자기들만의 생각을 고집하는 조직도 있었고요."

집안일에도 대가를 줘야 한다는 생각은 이때가 처음이 아니었습니다. 19세기부터 여성 운동가들이 숙제로 삼고 있던 일이었거든요. 이는 항상 논란을 일으키던 문제였습니다.

가사 노동에 대가를 달라고 외치던 미국의 정치 운동가 겸 작가 메리 인만(Mary Inman)만 해도 마찬가지였습니다. 인만은 가정주부도 노동자로 봐야 하고 집안일도 회사 일처럼 대가를 받아야 한다고 외쳤습니다. 이 때문에 1949년에 활동하던 당에서 쫓겨났지만요. 그

후 몇 년이 지났어도 상황은 나아지지 않았습니다. 여성 운동권의 지도 세력뿐만 아니라 여러 단체에서 거센 반대가 있으리라는 실비아의 생각은 정확했습니다.

이탈리아에 모였던 운동가들이 보기에 메리 인만처럼 가사 노동에도 대가를 달라고 외치던 여성들의 문제는 집안일이 '여성들만의 일'이라고 믿었다는 점이었습니다. 또 '여성들만의 활동'에 정당한 대가를 주어야 한다고 생각했어요. 여성이 자본주의의 경제 활동과 다른 활동 세계에 있다는 생각도 문제였던 겁니다. 그래서 집안일이 가치 있는 일이라는 점을 확인하려고만 했습니다. 그 일을 하는 사람이 꼭 여자일 필요는 없다거나 여성이 남성에게 기대는 현실에서 벗어나 사회 분위기를 바꿔 보자는 생각으로 나아가지 못했다고 짚었습니다. 이에 실비아는 이렇게 말했습니다.

"과거의 운동가들이 외친 가사 노동 임금은 집안일이 '여성들만의 일'이라는 점을 확인하는 데 그쳤습니다. 이는 달라요. 우리는 답답하기만 한 집안일을 더 이상 하지 않겠다는 뜻으로 임금을 달라고 했거든요. 이 사회에서 남자를 대신해 집안에 틀어박혀 잘 훈련받은 우리의 노동력을 거저 주지 않기로 했습니다."

파도바에 모인 운동가들은 이 생각을 함께 나누고 가사 노동의 대가가 주는 의미를 치열하게 고민했습니다. 그렇게 가사노동임금위원회를 세우고 처음 몇 해 동안 그들의 목소리가 세상에 무엇을 알리려고 하는지 토론하는 데 집중했습니다. 임금을 단순히 노동의 대가로만 보느냐 아니면 가사 노동의 의미를 뒤엎는 수단으로 보느냐로 나뉘어 의견이 오고 갔죠. 이에 실비아는 이렇게 설명했습니다.

"우리는 임금을 바라보는 서로 다른 생각에서 균형을 찾기 위해 위원회를 만들었습니다."

그 끝에 1974년 봄, 미국에서 "가사 노동은 모든 여성이 공통으로 생각해야 할 문제입니다."라는 슬로건을 내세우고 사람들에게 첫 번째 운동을 펼쳤습니다.

그해 가을, 브루클린에서 같은 슬로건을 내걸고 회의도 열렸습니다. 여기서 가사 노동 임금 운동의 교과서가 된 '가사 노동 임금에 관한 주장'이 발표되기도 했습니다. 다음은 어떤 목표들을 함께 이루어야 하는지를 담은 글입니다.

집안일에도 대가를 줘야 한다는 생각은 처음이 아니었다. 이미 19세기부터 여성 운동가들이 숙제로 삼고 있던 일이었다.

- 대가가 없는 여성의 노동을 멈추고 남성과 여성 사이의 권력 관계를 바꾸기로 한다.

- 실제로 여성의 노동력을 거저 앗아 가는 세계가 있음을 알린다.

- 여성이 돕지 않으면 자유로운 경제 시장에서 재산 모으기는 어려울 수 있음을 증명한다.

회의에서는 앞으로 가사 노동 임금 운동을 어떻게 펼칠지 의견을 주고받으며 활동 방향을 자세하게 정했습니다. 먼저 운동의 목표를 설명하는 자료를 나누어 주면서 사람들을 일깨우는 운동을 벌이기로 했습니다. 그리고 언론을 떠들썩하게 하기로 의견을 모았습니다. 그러려면 강한 메시지와 이미지가 담긴 광고지나 벽보를 만드는 데 힘을 쏟아야 했습니다.

동시에 지역 사회마다 만든 공공 모임을 중심으로 더 많은 여성을 모아 운동 세력을 새롭게 키우기로 했습니다. 관심 있는 여성이라면 누구든지 찾아와 자료를 찾아보고 정보를 얻으며 모임도 할 수 있는 센터를 열자는 생각이었죠. 실제로 실비아가 활동하던 뉴욕

전 세계의 여성들은 경고한다!

더러운 화장실을 청소할 때마다,
강제로 성관계를 맺을 때마다,
고통스러운 출산을 겪을 때마다,
커피를 한 잔 내릴 때마다,
가족에게 웃음을 지어 보일때마다,
우리는 임금을 원한다.

우리가 원하는 것을 얻지 못한다면
일하기를 거부하는 수밖에 없다!

위원회에서는 이 계획을 행동에 옮겨 1975년 11월 15일에 센터를 세우기도 했습니다. 센터는 운동에 관심이 없던 여성들에게 운동의 메시지를 전하는 중요한 장소가 되었습니다.

"센터가 공공장소에 자리 잡았다는 사실은 이곳을 지나는 여성들의 삶에 우리가 한 발 더 가까이 다가갔음을 뜻합니다. 여성들은 센터의 유리창 앞에 멈춰 서서 모든 정부에 경고하는 벽보를 읽고 있었어요. 또 접시 더미 위에 발을 디디고 서서 지폐를 한 움큼 쥔 자유의 여신상을 보기도 했고요."

가사 노동 임금 운동의 마지막 목표는 모든 여성이 길거리로 나와 정의를 외치는 것이었습니다. 1975년에 아이슬란드에서 있었던 커다란 여성 파업은 그들이 가야 할 길을 잘 보여 주었죠. 운동가들은 미국과 영국, 이탈리아 등에서 여성의 힘을 모으기 위해 여러 모임과 세미나를 열었습니다.

안타깝게도 이 운동은 여성 운동의 큰 흐름으로 자리 잡지는 못했습니다. 가사 노동 임금을 계급의 문제로 다루었기 때문이었습니다. 또 그 시기의 많은 여성이 집에서 벗어나 대가를 받는 일을 이미 하고 있었어요. 특히 가사 노동 임금 문제를 외면한 온건 페미니즘 세력이 사회에 자리 잡으면서 실비아와 운동가의 외침에 귀를 기울이지 않았던 탓도 있었습니다. 물론 가사 노동 임금 운동은 사라지지 않았지만요.

앞서 이탈리아 파도바로 건너간 실비아는 가사 노동 임금 운동을 가장 먼저 이끈 실비아 페데리치(Silvia Federici)입니다. 젊고 당찼던 그녀는 세계에서 가장 잘 알려진 페미니즘 철학자이자 사회 운동가가 되었습니다. 그동안 페데리치는 가사 노동 임금 문제에 대한 자신의 사상을 더 발전시켰습니다.

오늘날 사회와 사람들이 가사 노동 임금 문제를 더 적극적으로 보고 있나요? 그렇다면 페데리치를 비롯한 운동가들이 자신의 사상을 사람들에게 널리 알리기 위해 노력한 덕분입니다. 이들은 사회에서 자유로운 경제 활동이 자리 잡을 수 있던 이유가 집안일을 하는 사람의 노동력을 공짜로 빼앗았기 때문이라는 새로운 생각을 심어 주었습니다.

1970년대와 마찬가지로 가사 노동 임금 운동가들이 내세운 사상은 우리에게 새로운 도전을 말하고 있습니다. "여성은 사랑으로 일하는 것이 아니다."라고 말이죠.

> 사회가 가사 노동 임금 문제를 적극적으로 보고 있는가? 이는 페데리치를 비롯한 운동가들이 자신의 사상을 사람들에게 널리 알리기 위해 노력한 덕분이다. 이들은 사회에 자유로운 경제 활동이 자리 잡을 수 있던 이유로 집안일을 하는 사람의 노동력을 공짜로 빼앗았기 때문이라는 새로운 생각을 심어 주었다.

나무를 껴안아 숲을 지키다
_칩코 운동

아이는 한달음에 내달렸습니다. 늘 그랬듯이 마을 어귀에서 놀다가, 저 멀리에서 갖가지 톱을 든 벌목꾼들이 탄 차들이 줄지어 오는 모습을 보았기 때문입니다. 아이는 아직 어렸지만 무언가 잘못되었음을 바로 알아차렸습니다. 그러고는 할 수 있는 한 빨리 달렸죠.

인도 북쪽의 히말라야산맥 근처의 한 작은 마을에서 있었던 일입니다. 마을에는 이미 '비상사태'라고 외치는 소리가 가득했습니다. 무슨 일인지 알아보려는 사람들이 한 명, 두 명 집 밖으로 나왔습니다. 이들은 모두 여성들이었죠. 그날 마을의 남성들은 모두 도시로 나가고 없었습니다. 정부가 중국과 전쟁하면서 생긴 피해를 돈으로 갚아 주겠다고 불러내는 바람에 마을을 비운 참이었거든요.

정부의 말은 거짓이었습니다. 남성들을 마을에서 멀리 떼어 내려 꾸민 계획이었으니까요. 불과 열흘 전, 정부는 경매(물건을 사려는 사람이 여럿일 때 높은 값을 부른 이에게 파는 일)를 통해 레니(Reni)숲을 목재 회사에 팔아 넘겼습니다. 환경 보호 운동가들이 방해할 만큼 논란이 있었지만, 숲은 넘어가고 말았습니다. 정부는 아무런 방해 없이 나무를 베도록 마을 남성들을 먼 도시로 꾀어냈던 것입니다.

참으로 번뜩이는 작전이었습니다. 단 한 가지, 마을 여성들을 계산에 넣지 않았다는 점만 빼면 말이에요. 마을 여성들은 벌목꾼들이 다가오고 있음을 알아차리자마자 즉시 움직였습니다. 재빨리 가우라 데비(Gaura Devi)를 리더로 뽑고 직접 행동에 나섰죠. 시골 농사꾼이었던 가우라 데비는 훗날 지역을 대표하는 운동가가 되었습니다. 스물일곱 명의 여성은 차들이 숲으로 향하는 길을 지나지 못하도록 장애물을 쌓아 벌목꾼들을 막아섰습니다.

벌목꾼들은 마을 여성들과 마주하자 매우 폭력적으로 굴었습니다. 여성들이 무서워하며 도망가리라 생각했거든요. 협박하고 힘으로 밀어내며 얼굴에 침을 뱉기까지 했어요. 그래도 여성들이 물러서지 않자 벌목꾼 중 한 명이 총을 꺼내 들었습니다. 여성들을 놀라게 할 생각이었지만, 결과는 정반대였습니다. 가우라 데비는 총을 든 사내 앞으로 거침없이 다가가 자신을 쏘라고 말했습니다. 벌목꾼들을 향해서 나무를 베고 싶거든 자신을 먼저 쏘아야 할 거라고 외쳤어요. 숲은 어머니와 같은 존재이니 절대로 헐어 버리게 두지 않을 거라고도 했죠.

다른 방법이 없던 벌목꾼들은 돌아갈 수밖에 없었습니다. 마을 여성들은 숲이 완전히 안전해질 때까지 그곳에 머물기로 했습니다. 그렇게 여성들의 노력은 놀라운 결과를 낳았습니다. 시간이 흐를수록 더 많은 사람이 뜻을 함께하기 위해 모였거든요. 처음에는 도시에서 돌아온 남편들이, 다음에는 마을의 다른 주민들이, 나중에는 이웃 마을 주민들까지. 이렇게 천천히 운동의 물결이 커지자 히말라야 지역에서는 볼 수 없던 아주 커다란 집회가 생겼습니다.

레니숲에서 보낸 첫 밤, 여성들은 서로 기운을 북돋으며 암리타 데비(Amrita Devi)의 이야기를 떠올렸습니다. 암리타 데비는 1730년 마하라자(인도 문화에서 왕을 뜻하는 이름) 조드푸르(Jodhpur)가 새 궁전을 지으려고 숲을 베라고 명령하자 이에 맞선 여성입니다. 암리타 데비는 나무를 베지 못하게 하려고 나무를 껴안았습니다. 나무와 암리타 데비가 베이는 모습을 지켜본 가족과 이웃도 하나둘 나무를 감싸 안았습니다. 군인들은 몸으로 나무를 지키려던 360여 명이나 되는 사람들을 모질게 죽이고 말았습니다. 마을 주민들의 노력은 그렇게 끔찍한 비극으로 끝났죠.

여성들은 이 비극적인 역사를 기억하며 레니숲의 나무를 껴안았습니다. 시작은 시골 마을의 작은 저항이었어요. 이 운동은 날이 갈수록 커지면서 '칩코(Chipko) 운동'이라 불리며 곳곳으로 퍼져 나갔습니다. 칩코는 힌두어로 "껴안다."라는 뜻입니다. 히말라야 지역에 살던 주민 수천 명이 함께한 '나무 껴안기'는 다른 지역 사회에서도 공감을 일으키며 환경 운동의 본보기가 되었습니다.

칩코 운동에 함께한 여성들이 벌목에 반대해 싸우는 것은 사느냐 죽느냐의 문제였습니다. 무수히 많은 나무를 베면 홍수가 일어나기 쉽고 산이 무너져 내려 생태계가 완전히 균형을 잃기 때문이죠.

목재 회사들은 나무와 더불어 사는 숲의 다른 생명체에 관심 없다는 듯 나무를 베어 냈습니다. 이뿐만 아니라 소나무처럼 이익이 많이 남는 나무 한 종류만 심고 원래 그 숲에서만 자라던 다른 나무는 없애 버리기 일쑤였습니다. 이익에 눈이 멀어 숲을 지나치게 개발하는 이런 방법은 농사와 목축에도 큰 피해를 입혔습니다. 농사짓고 가축을 길러 먹고살던 히말라야 지역 주민들은 살아갈 길이 막막해졌죠.

남성들과 달리 여성들은 날마다 땅을 일구며 일했습니다. 히말라야 지역에서는 아들에게 재산을 물려주어서 땅의 주인은 남성이었습니다. 실제로 날마다 땅에서 농사짓는 사람은 여성이었지만요. 목재 산업이 자연의 법칙을 무너트리고 농사꾼에게서 삶의 터전을 앗아간다는 점을 여성들이 먼저 깨달은 것도 이 때문입니다. 여성들은 숲을 헐어 돈을 번다고 해도 생태계가 무너지면 아무 소용 없다는 점을 이미 알고 있었죠.

칩코 운동은 천천히 히말라야 지역을 넘어 퍼져 나갔습니다. 작은 승리의 소식이 들릴 때마다 더 많은 여성이 '나무 껴안기'에 함께했죠. 그렇다면 레니숲은 어떻게 되었을까요? 벌목꾼을 막아섰던 여성들은 대규모 집회까지 연 끝에 정부에서 숲을 망가트리는 개발을 10년 동안 금지하겠다는 약속을 받아 냈습니다. 같은 문제를 겪던 다른 마을의 여성들도 레니숲에서처럼 저항 운동을 벌였고요. 이 가운데 많은 여성이 협동조합을 만들어 힘을 뭉치기에 이르렀습니다.

이 모두는 마을 꼬마가 뛰어가 위험을 알리고 30명 남짓한 여성들이 몸을 던져 부당한 힘에 맞선 데서 시작했습니다. 예상치 못한 벌목꾼의 등장에 즉각 나타난 용기 있는 행동은 레니숲을 넘어, 우타르프라데시

(Uttar Pradesh, 인도 북부의 주)로, 또 인도 곳곳으로 퍼져 강력한 사회 운동이 되었죠.

칩코 운동은 이익에 눈이 먼 회사의 힘 앞에, 숲을 부수고 돈만 밝히는 행동 앞에 모두가 힘을 합쳐 한마음으로 맞서게 해 주었습니다. 먼 옛날, 우리의 가슴에 큰 감동을 주었던 행동을 하면서 말이죠. 그 행동은 나무를 껴안고 자신의 생명으로 다른 생명을 구하는 용기 있는 행동이었습니다.

어머니들, 광장에 모여 외치다
_5월광장어머니회 운동

매주 목요일 아르헨티나의 대통령 궁, 카사로사다('분홍집'이라는 뜻. 건물 바깥의 분홍색을 본떠 붙인 이름) 앞의 광장에는 어머니들이 모여듭니다. 그 옛날 사라지거나 이유를 알 수 없이 죽거나 고문을 받은 3만 명의 아들딸을 위해서입니다.

광장의 어머니들은 1977년 4월의 어느 목요일, 처음으로 독재 정부에 맞서 "살아 있는 자식을 데려갔으니 살아 있는 자식을 돌려 달라."라고 부르짖었습니다. 그리고 그 외침에 담긴 피맺힌 의지를 매주 목요일에 몸소 보여 주었습니다. 거리에서 사람들을 향해 외치는 소리만이 무관심 속에 과거가 잊히는 것을 막는 단 하나의 방법이었습니다.

독재 정부 앞에서 끈질기게 정의를 외친 용기는 어머니들을 세계적인 인물로 만들었습니다. 어머니들은 자신들의 뜻을 널리 알리기 위해서, 나라 안팎에서 응원하는 다른 어머니들과 뭉치기 위해서, 국경을 넘어 운동을 펼쳤습니다. 연합회를 만들어서 책을 내고 라

> **독재 정부 앞에서 끈질기게 정의를 외친 용기는 어머니들을 세계적인 인물로 만들었다. 어머니들은 자신들의 뜻을 널리 알리기 위해서, 나라 안팎에서 응원하는 다른 어머니들과 뭉치기 위해서, 국경을 넘어 운동을 펼쳤다.**

디오 방송을 했으며 대학도 세웠습니다. 평화로운 저항의 상징인 어머니들의 싸움은 전 세계에 알려졌습니다. 그런데도 아직까지 광장의 모임을 포기하지 못하는 이유는 분명합니다. 어머니들에게 목요일의 모임은 그들에게 '유일하면서도 가장 중요한 일'이기 때문이죠.

독재 정부의 앞에서 갖는 광장 모임은 굉장히 위험한 일이었습니다. 이는 고민 끝에 내린 결정은 아니었죠. 여성 노동자였던 아수세나 비야플로르(Azucena Villaflor)는 벌써 몇 년째 감옥과 병원, 경찰서를 돌아다니며 사라진 자식을 찾아 헤맸습니다. 그리고 새로운 소식이 들어오지는 않았는지 기다렸죠. 그런 그녀에게 '집회를 하면 어떨까?' 하는 생각이 문득 떠올랐습니다. 하루하루 '실종자' 소식을 애타게 기다리는 사람이 그녀 혼자만은 아니었기 때문입니다. 아수세나는 대기실에서, 복도에서, 사무실에서 자신과 같은 처지에 있는 어머니들을 만났습니다. 사람들에게 비웃음을 받으며 분노하던 어머니들은 만나서 서로 정보를 나누었습니다. 도움

을 주고받기 위해 연락망을 짰고 모임을 갖기 위해 준비했죠. 그리고 더 이상 혼자가 아니라 다 같이 함께하고 있음을 마음에 새겼습니다.

자신들의 외침을 철저히 무시하는 정부 관계자들의 태도에 지친 어머니들은 마침내 첫 번째 단체 행동에 나섰습니다. 바로 카사로사다 앞의 5월광장에서 집회를 여는 것이었죠. 독재자인 호르헤 라파엘 비델라(Jorge Rafael Videla) 대통령을 자극하는 이 일은 말 그대로 목숨을 건 모험이었습니다. 당시는 정부가 몰래 경찰들을 심어 놓고 시민들을 끌고 가 고문하며 거리를 공포로 물들이던 때였습니다. 어머니들의 아들딸들이 그러했듯 누구나 하루아침에 잡혀가 흔적도 없이 사라질 수 있었죠. 어머니들은 "광장에서 우리 모두는 평등하다."라며 광장의 상징적인 힘을 믿었습니다.

자식들이 사라지기 시작한 때는 1974년부터였습니다. 시간이 흐를수록 사라지는 사람들은 점점 늘어났

죠. 처음에는 저승사자 같은 군인들이 노조 운동가, 지식인, 사회주의자, 학생 운동가를 집중적으로 잡아들였습니다. 나중에는 사람을 가리지 않고 잡아갔습니다. 1976년 3월, 쿠데타로 권력을 잡은 독재 정부가 강한 힘으로 자유로운 경제 활동이 이루어지는 나라를 만들겠다는 정치·경제 계획, '국가 재건 과정'을 내세울 무렵이었습니다.

집회가 처음 열리던 날, 5월광장의 한가운데에서 정의를 외친 어머니는 모두 열네 명이었습니다. 어머니들의 행동은 사람들의 눈길을 끌기 충분했습니다. 경찰이 다가와 공공장소에서 갖는 모임은 금지하고 있으니 흩어지라고 했죠. 어머니들은 한자리에 서 있는 대신 광장에 세워진 기념비인 '5월의탑' 주위를 계속 돌았습니다. 정부 관계자들이 폭력을 써서 자신들을 흩트리지 못하도록 막으려는 움직임이었습니다.

몇 주가 지나자 목요일마다 더 많은 사람이 광장에 모여들었습니다. 어머니들은 다른 어머니들에게 집회 소식을 전했고 목요일 오후 3시 30분이면 어김없이 광장에 나타났습니다. 동시에 교회와 성당, 술집 등에서 생일잔치를 여는 척하며 모여 정보를 나누기도 했죠. 세계적인 유명 인사가 아르헨티나에 방문해 대통령과 만난다는 뉴스라도 나오면, 광장으로 달려가 집회를 열어 언론의 관심을 끌었습니다.

5월광장의 집회 초기 멤버 중 하나인 에베 데 보나피니(Hebe de Bonafini)는 이렇게 말했습니다.

"어머니회 활동을 하면서 우리가 틀리지 않았다는 사실을 확인할 수 있었습니다. 양심과 정의에 대한 믿음도 한층 키워 나갔어요."

한번은 미국 외교관이 아르헨티나에 방문하자, 정

부가 광장에서 어머니들을 힘으로 몰아내려고 한 적이 있었습니다. 보나피니는 당시를 이렇게 기억합니다.

"철모를 쓰고 무기를 든 군인들이 다가와 우리를 내쫓으려 했어요. 우리는 광장에서 떠나지 않겠다고 말했죠. 그때 우리를 향해 총을 겨누라는 명령이 내려졌어요. '준비'라는 구호가 들렸을 때 우리는 '발사!' 하고 외쳤고요."

그해 10월, 어머니의 날을 맞아 계획한 행진에서 '5월 광장어머니회'의 상징이 된 하얀 스카프가 나타납니다. 어머니들이 서로를 알아볼 수 있는 천을 두른 채 행진하자고 하면서부터였죠. 어머니들은 모두 같은 색의 스카프를 가지고 있지는 않았습니다. 그리하여 자식들이 어릴 때 쓰던 기저귀 천을 사용하자는 데 의견이 모였습니다. 모두 자식의 어린 시절을 기억하려고 기저귀 천을 집에 남겨 놓았던 덕분이었죠. 그때까지만 해도 어머니들은 기대를 버리지 않고 있었습니다. 다시 아들딸을 볼 수 있다는 희망에 차 있었고 독재 정부가 그토록 잔인하리라고는 상상도 못 한 순진함이 남아 있었습니다.

애타게 기다리던 아들딸을 다시 만날 수 없음은 물론, 어머니들이 자신들마저 위험에 빠져 있다고 깨닫는 데는 오랜 시간이 걸리지 않았습니다. 12월에 아수세나가 독재 정부에 맞섰던 다른 어머니들과 함께 끌려갔기 때문이죠. 이후 흔적도 찾을 수 없던 아수세나는 2004년이 되어서야 유골 상태로 법의학 팀에게 발견되었습니다.

아수세나가 납치된 후 어머니들을 향한 탄압은 매우 거세졌습니다. 독재 정부는 매번 신분을 확인하고 어머니회 회원임을 확인하면 멈춰 세웠거든요. 모임을 계속하면 죽을 수도 있다며 겁주기도 했습니다. 1978년에 아르헨티나에서 월드컵이 열리며 전 세계의 눈이 아르헨티나에 향해 있을 때였어요. 정부는 언론의 관심이 어머니들에게 쏠리지 않도록 더 심한 폭력을 휘둘렀습니다. 아수세나의 뒤를 이어 집회를 이끌었던 보나피니는 독재 정부가 더 많은 사람을 끌고 가려 했고 폭력도 더욱 세졌다고 기억합니다.

"그들은 항상 우리를 따라다녔어요. 우리를 서슴없이 때리고 광장에 개들을 풀어놓았죠. 개들에게 물릴 때를 대비해서 꽁꽁 싸맨 일기장을 들고 다녔습니다. 가스총에 맞는 날도 있었어요. 수없이 가스를 마셨지만 광장에서 계속 저항했어요."

어머니회를 향한 탄압은 1980년대 초반 독재 정부가 막을 내릴 때까지 이어졌습니다. 어머니들은 한순간도 굽히지 않았습니다. 경찰들의 폭력으로 광장에서 저항할 수조차 없던 순간에도 말이죠. 민주주의 사회가 찾아온 뒤에도 어머니들은 계속 광장에 나왔습니다. 정부가 바뀌어도 자식들을 해친 자들이 누구인지 밝히려는 움직임이 없었기 때문입니다. 사라진 아들딸의 시신을 찾아내고 돈으로 보상하겠다는 제안이 몇 년이나 이어졌습니다. 어머니들에게 그 제안은 사탕발림에 지나지 않았습니다. 보나피니는 단호하게 말했죠.

"이 세상에 목숨을 대신할 수 있는 돈은 없습니다. 우리는 자식들을 해친 자들이 누구인지 알고 싶을 뿐이에요. 살인자의 명단을 주세요!"

이렇게 시작된 또 다른 싸움은 어머니들에게 힘든 여정이었습니다. 그동안의 고통을 끝낼 기회를 저버리고 공포와 고통과 가난에서 벗어나 더 나은 삶을 누릴 수 있는 기회도 스스로 버린다는 것이 얼마나 어려웠을까요? 어머니들에게 다른 선택은 없었습니다.

"누가 우리의 아들딸을 죽였는지 말해 주지 않았어요. 누가 그들을 끌고 갔는지 아무도 말해 주지 않았어요. 아무것도 말해 주지 않았다고요! 자식들의 시신을 찾고 끝내 버린다면, 그렇게 죽음을 받아들인다면 우리 아들딸들을 두 번 죽이는 일입니다!"

> **어머니회를 향한 탄압은 1980년대 초반 독재 정부가 막을 내릴 때까지 이어졌다. 어머니들은 한순간도 굽히지 않았다. 경찰들의 폭력으로 광장에서 저항할 수조차 없던 순간에도, 민주주의 사회가 찾아온 뒤에도 광장에 나오기를 조금도 멈추지 않았다.**

"우리는 살인자의 명단을 원한다."는 그렇게 어머니들의 새로운 구호가 되었습니다. 카사로사다를 지나쳐 간 아르헨티나의 대통령들은 모두 이 외침을 들어야 했습니다.

해가 거듭되고 정부가 바뀌어도 광장에 있는 어머니들을 몰아내려는 진심 없는 사죄와 상징적인 보상만 이어졌습니다. 제대로 정의를 이루어 보려는 정부는 없었죠. 어머니들은 정부의 수많은 유혹을 뿌리치고 계속 싸워야 했습니다. 힘에 부친 어머니들이 '저항의 행진'을 몇 년 동안 멈추자 마우리시오 마크리(Mauricio Macri) 대통령이 광장 모임을 제한하겠다고 발표했습니다. 이 발표에 어머니들은 다시 일어서야 했고요.

5월광장에 모이는 어머니들과 할머니들은 알고 있습니다. 이 싸움에 끝은 없으며, 끝이 있다 해도 당신들이 그 끝을 보지 못하리라는 사실을 말이죠. 그렇다고 해서 그들의 싸움이 의미 없다는 뜻은 아닙니다. 어머니들의 "사람들은 이제 끝났다고 말하지만, 우리는 이것이 시작임을 안다."라는 말에는 믿음이 가득했으니까요.

매주 목요일이면 어머니들은 광장에 모여듭니다. 할 수 있으니까, 해야 하니까 말이죠. 어머니들의 싸움이 이어지는 한, 어머니들의 믿음이 살아 있는 한, 어머니들의 아들딸은 아직 죽은 것이 아닙니다.

광부들, 철의 여인에게 맞서다
_영국 광부 파업

1985년 3월, 세계 역사의 흐름이 바뀌었습니다. 여기에서 역사란 누구의 역사를 가리킬까요? 영국인의 역사? 유럽인의 역사? 이른바 서양에 있는 나라들의 역사? 어쩌면 역사가 아니라 세상을 바라보는 전 세계인의 시선이 바뀌었을 수도 있겠네요.

그날 있었던 일을 한 문장으로 간추리면 이렇습니다. 영국 총리 마가렛 대처가 광부들이 1년 동안이나 끌어온 치열했던 파업에 마침표를 찍었다고 말이죠. 광부들의 실패한 파업이 어떤 결과로 이어졌는지 오늘날까지도 의견이 나뉘고 있습니다. 그렇다면 이 실패를 어떻게 바라보아야 할까요?

한편에서는 이렇게 말합니다. 경제 구조가 바뀌면서 시대에 뒤떨어진 석탄 산업이 위기를 맞았고 때맞춰 광산 지역에서 다툼이 일어났을 뿐이라고요. 더 이익이 없는 광산을 닫아야만 하던 그 시절에는 어쩔 수 없는 문제였다고 말이죠. 광산 정리만이 손해만 남기는 석탄 산업에 계속 쏟아붓던 정부 예산을 줄일 수 있는 방법이었습니다. 이 방법에는 2만 명이 넘는 광부들이 일자리를 잃고 새로운 직업을 찾아나서야 한다는 어두운 면이 있었죠.

한편에서는 광부들을 향한 정부의 공격이 충분한 셈에 따른 일이라고도 합니다. 영국에서 더없이 강하기로 소문난 광부 노조를 무너트리기 위해 대처 총리가 계획한 전쟁이라고 말이죠. 대처가 세운 경제 계획이 성공하려면 사회에서 큰 힘을 미치던 반대 세력을 억눌러 줘야 했습니다. 특히 1974년 총선에서 제1당이 된 노동당과 전국광부노조(NUM) 및 그 밖의 노동조합이 보일 저항을 미리 막아야 했습니다.

대처는 1979년 총선에서 43.9퍼센트의 표를 얻어 총리가 되었습니다. 이 당시에 보수당은 노동당보다 70석 이상을 차지하며 승리했습니다.

대처는 총리가 될 때부터 노동당이 노조와 지방 정부에게 지지를 받으며 힘을 키워 오고 있다는 믿음이 있었습니다. 자서전에 나오는 다음 내용이 대처의 생각을 잘 보여 주고 있어요.

"영국에는 민주적이지 않은 생각을 가진 이들이 있었다. 이 역시 깨트려야 할 대상이었다. 나는 혁명을 일으키려는 생각들로 가득 찬 당과 당원들이 방법을 가리지 않고 영국에 공산주의(자본주의를 반대하며 공동체나 나라가 재산을 소유하는 사상)를 심으려 한다는 데 조금도 의심하지 않았다."

대처의 보수당 정부는 1980년부터 1984년까지 노조 활동을 제한하는 법을 만들었습니다. 피켓 시위는 물론 노동자들이 일터 밖에서 모이지 못하게 막았습니다. 이는 광부 노조에 기대던 다른 산업의 노조들을 내리누르려는 방법이었죠. 그뿐만 아니라 정치적 목적으로 파업을 일으켜 손해가 생기면 노조가 직접 책임지게 했습니다. 노조에서 5년마다 비밀 투표를 실시해 간부를 새로 뽑아서 그들 스스로 갈라서도록 부추기기도 했고요. 노조와 노동당 사이의 끈끈한 관계를 되도록 느슨하게 하려고도 했죠.

대처의 계획은 여기에서 끝나지 않았습니다. 정부는 광부 파업이 있기 3년 전인 1981년부터 석탄을 더 넉넉하게 모아 두었습니다. 파업이 오래 이어지더라도 가정과 공장에 문제없이 석탄을 보내려는 대책이었죠. 또한 노조와 맞서는 기간을 철저하게 계산한 끝에, 석탄을 쓰는 양이 적은 이른 봄에 파업을 시작하도록 했습니다. 이렇듯 철의 여인은 몇 년에 걸쳐 노조와의 대결을 준비했습니다. 그리고 포클랜드 전쟁(대서양에 있는 포클랜드섬을 두고 영국과 아르헨티나가 벌인 전쟁. 스페인어 이름을 따서 '말비나스 전쟁'이라고도 함)에서 승리한 뒤 영국 국민의 자부심이 한껏 높아져 있던 때. 높은 지지를 업고 다시 총리가 된 그녀는 노조와 맞설 때가 왔다고 판단합니다.

대처와 광부 노조의 충돌은 1984년 3월에 시작됩니다. 정부는 국영석탄공사(NCB)를 통해 이익을 내지 못하는 광산은 모두 문을 닫겠다고 발표합니다. 대처는 1946년부터 전국의 광산들이 나라의 것이 되었으니 더 이상 투자하지 않겠다고 발표했습니다. 또 기업이 광산을 운영하게 하겠다는 목표도 내세웠습니다. 대처의 이런 기업 민영화 계획에는 통신사인 브리티시텔레콤, 항공사인 브리티시에어웨이, 석유 회사인 브리티시페트롤리엄, 브리티시가스, 티에스비은행, 롤스로이스, 새

규어 등의 회사가 있었습니다. 그 결과 생필품 가격을 25퍼센트, 집값을 90퍼센트나 오르게 했죠.

광부들과의 대립은 커다란 문제로 이어졌습니다. 20만 명의 노조원을 거느린 광부 노조는 잘 조직되어 있었거든요. 아서 스카길(Arthur Scargill)이 이끄는 전국광부노조는 노동자 계급에서 가장 든든한 버팀목이었습니다. 겨울철 집집마다 난방을 틀어야 할 때 석탄을 끊으면 나라 전체를 추위에 떨게 할 수도 있다는 무기까지 손에 쥐고 있었죠. 광부 노조는 영국 안팎에서 노조의 상징으로 여겨졌어요. 그 덕분에 이들이 파업을 선언하면 프랑스노동총동맹(CGT), 소비에트노조단체 등이 잇따라 도움을 주었습니다. 영국에서 광부들이 어떻게 싸우느냐에 따라 전 세계의 경제가 바뀌느냐 마느냐가 정해진다고 믿는 단체들도 많았습니다. 이에 그들 모두 광부 노조의 든든한 지원군을 자처했죠. 영국 광부 노조가 저항하지 않는다면 누가 대신 그 싸움을 할 수 있었을까요? 노조는 대처가 곧 꼬리를 내리리라 생각했습니다.

하지만 노조와 정부는 파업을 시작하는 선부터 달랐습니다. 스카길은 파업에 들어가기 전 파업에 찬성하는지 노조원에게 묻는 투표를 치르지 않았습니다. 파업에 반대하는 의견이 많이 나올까 봐 두려웠던 탓이죠. 오히려 피켓 시위를 벌여서 동료 광부들이 석탄 공급을 끊는 데 함께하자고 설득했습니다. 심지어 파업을 원치 않던 광산에서도 피켓 시위를 벌였습니다. 이런 무리한 설득이 노조를 갈라지게 할 수 있다는 사실을 알면서도 동료 광부들을 파업으로 내몰 수밖에 없었습니다. 이런 불리한 상황 덕분에 대처는 첫 번째 승리를 거두었다고 볼 수 있죠.

스카길은 파업이 성공하느냐 마느냐가 거리에서 결판나리라는 점을 잘 알고 있었습니다. '바깥에서 하는 행동만이 노동자 계급과 노동 운동에 남은 유일한 수단'이라고 굳게 믿었거든요. 실제로 노동자들은 경찰들과 과격하게 맞섰습니다. 경찰 측은 지시에 따르지 않는 노조원은 누구든 가만두지 않겠다며 겁을 주었습니다. 정부는 경찰 측의 이런 태도를 모르는 체했죠. 1만 1392명이 고발당하고 200명이 감옥에 갔습니다. 대처는 이에 만족하지 않았습니다. 오히려 이렇게 말했죠.

"날이 갈수록 폭력 사태가 늘고 있는데 법의 심판을 기다리거나 벌을 받은 사람들의 수는 너무나도 적습니다. 진심으로 걱정스럽습니다. 법과 질서가 확실히 자리 잡으려면, 이번 파업처럼 범죄가 분명한 행동이 나타날 때마다 빠르게 처벌해야 합니다. 국민은 법이 제대로 움직이고 있음을 알아야 할 권리가 있습니다."

대처의 강한 태도에도 광부들은 흩어지지 않고 다시 뭉치는 힘을 보여 주었습니다. 전보다 더욱 강하게 뭉쳐 대처와 보수당 정부가 생각한 기간보다 몇 달이나 더 버텼습니다.

광부들은 정부를 이길 수 있으리라 생각했어요. 안

*NATIONAL UNION OF MINEWORKERS : 전국광부노조

타깝게도 현실은 그와 반대였죠. 노조와 정부의 힘은 어마어마한 차이를 보였습니다. 그래도 그들은 맞섰습니다. 대처와 정부를 꺾지 못했지만 정부가 비틀거릴 때까지 끈질기게 싸웠습니다. 특히 항만 노조와 철도 노조가 파업에 함께하겠다고 발표한 뒤에는 더욱 힘차게 싸웠습니다. 영국 곳곳에서 생산을 모두 멈출 아주 좋은 기회였기 때문이죠.

이때 대처가 항만과 철도 노조를 달래 협상하자, 두 노조가 갑자기 파업에 함께하지 않겠다며 돌아서고 맙니다. 여기에 정부는 12월 중순에도 석탄 공급에 문제가 없으며 석탄 부족으로 국민에게 비상사태를 알릴 일이 없다는 깜짝 발표까지 합니다. 광부들에게는 다음 해 겨울까지 파업을 이어 가야 한다는 소식이나 마찬가지였어요. 하지만 그렇게 오래 파업에 함께하기는 어려웠습니다. 마침 연말까지 일터로 돌아오는 광부들에게 보너스를 주겠다는 발표가 이어졌습니다. 이에 광부들 사이에서 의견 차이가 심해졌습니다. 결국 광부들은 대부분 광산으로 돌아갔고요.

1985년 3월에 역사의 흐름이 바뀌었다는 말은 조금도 지나치지 않습니다. 정부와 노동자 사이에 벌어진 전쟁의 결과로 노동자들이 패배했기 때문이죠.

대처는 만족한 표정으로 다우닝가(영국 총리 관저가 있는 도로)에서 승리를 선언했습니다. 파업이 벌어지는 동안에도 일터를 지킨 노동자들이야말로 영국의 용기 있는 저항 정신을 상징한다고 치켜세우면서 말이죠.

"이 싸움의 승자는 파업 기간에도 광산을 묵묵히 지킨 광부들입니다. 부두를 지킨 에너지 산업 분야의 항만 노동자들입니다. 운전대를 지킨 운송업자들입니다. 철로를 지킨 철도 노동자들입니다. 사무실을 지킨 직원들입니다. '영국'이라는 커다란 기차의 바퀴가 굴러갈 수 있도록 자신의 역할을 다한 사람들입니다. 파업 중에도 지난해 영국의 생산량이 세계 기록을 세우도록 이끈 사람들 모두가 승자입니다. '영국'이라는 기차가 계속 달릴 수 있게 힘썼던 모든 노동자가 바로 승자입니다."

이후 노동자의 권리는 걷잡을 수 없이 후퇴했습니다. 영국에서 노조 따돌리기는 규범처럼 자리 잡았습니다. 물론 광부 노조가 파업에 실패했다고 노동자들의 파업은 사라지지 않았습니다. 앞으로도 파업은 계속 어디에선가 일어날 테니까요. 개중에는 크게 성공하는 사례도 나올지 모릅니다. 노조는 계속 있을 것이고 노동자들은 노조 외에도 한목소리를 낼 수 있는 새로운 방법을 생각할 겁니다.

광부 노조가 파업에 실패하기 전 있었던 합의들이나 대처 전 총리의 사상은 이제 돌이키기 어려울지도 모르겠습니다. 그렇기에 노동자의 더 나은 미래를 위한 노력은 1984년의 역사를 되새기면서 다른 모습으로 나타날지도 모르겠네요.

1984년의 노동자들은 승리하지 못했으나, 저항 정신만은 교훈으로 남아 있습니다.

마약 왕에 맞선 겁 없는 어머니들
_마약에 반대하는 어머니 운동

여성들은 자물쇠로 굳게 잠긴 커다란 철문 밖에 서 있었습니다. 철문과 이어진 담장 너머에서는 총을 든 경호원들이 저택을 지키고 있었습니다. 저택으로 들어가기란 어려워 보였습니다. 30만 제곱미터의 땅을 둘러싼 담장을 어찌어찌 넘어간다 해도 말이죠.

고함과 욕설이 오가고 울부짖는 소리가 가득한 가운데 여성들은 문을 부수기로 했습니다. 그리고 철문을 가로지르는 두꺼운 나무를 힘주어 붙잡고 박자에 맞춰 격렬하게 내리쳤습니다. 자물쇠는 꿈쩍도 하지 않았죠.

남편들은 뒤에서 이 모습을 보고만 있을 뿐 아내들을 돕거나 말리지 않았습니다. 적어도 경찰 순찰차가 나타나기 전까지는 말이죠. 차를 세우고 내린 경찰들은 여성들을 헤치고 지나가며 철문까지 길을 트려 했습니다. 밀려난 여성들은 다짜고짜 경찰들에게 덤벼들었습니다. 남편들이 나서서 말리지 않았다면 경찰들을 향한 거친 행동은 멈추지 않았을지도 모릅니다. 경찰들은 여성들이 사납게 달려들어 철문에서 자신들을 거세게 떼어 내자, 겁을 먹고 차로 몸을 피했습니다. 처음 나타났을 때 그랬듯 재빠르게 도망갔죠. 경찰들이 줄행랑을 치자 여성들은 다시 돌아와 세차게 철문을 흔들어 댔습니다. 온 힘을 다해서요.

모든 뼈대가 흔들렸지만 철문은 그대로였습니다.

대체 그들은 자물쇠를 부수고 무엇을 하려고 했을까요? 저택의 경호원들과 맞서 싸우려 했을까요? 그런 생각은 아예 하지도 않았습니다. 그저 자신들이 겪은 부당함에 몸이 움직였고 복수하고 싶다는 순간적인 마음에 거기까지 갔을 뿐이었습니다.

여성들이 그토록 부수려 했던 문은 바이온(Baión) 저택의 출입문이었습니다. 저택의 주인은 스페인의 갈리시아 지방에서 가장 힘센 마약 거래 상인의 하나인 라우레아노 오우비냐(Laureano Oubiña)였습니다. 으리으리한 바이온의 저택은 법 위에 있는 마약 사업의 부와 강한 힘을 상징했습니다. 또 갈리시아 지방의 젊은이 수천 명의 삶을 부수고 죽음으로 몰고 간 마약 제국이기도 했죠. 그날은 1994년 9월, 바로 스페인의 고등법원이 마약을 몰래 사고팔아 범죄를 저지른 오우비냐에게 무죄를 선고한 날이었습니다.

여성들의 분노는 당연했습니다. 그들은 마약 때문에 죽거나 병들거나 중독된 청소년들의 어머니였거든요. 이들은 자식이 마약에 빠져 끝없는 고통에 허덕이는 지옥을 함께 맛보았습니다. 가정이 어떻게 서서히 무너지는지 두 눈으로 지켜볼 수밖에 없었죠. 이 모든 비극은 정부 관계자들이 마약 문제를 모르는 척했기 때문에 일어났습니다. 지칠 대로 지쳐 절망한 어머니들은 마약 상인들과 직접 맞서기로 했습니다. 어차피 더 이상 잃을 것도 없었으니까요. 바이온 저택에 들이닥친 일은 이제껏 했던 가장 대담한 행동이었지만, 마약 상인과 맞선 일은 처음이 아니었습니다. 일명 '마약에 반대하는 어머니들'로 잘 알려진 에르게테연합의 회원들은 벌써 10년째 갈리시아의 마약 왕들과 전쟁을 벌여 왔으니까요.

처음 마약을 실은 배가 마을과 도시로 들어왔을 때 갈리시아 주민들은 몰래 물건을 사고파는 일에 익숙했습니다. 대서양과 닿아 있는 해안 지방인 갈리시아는 해안선이 1500킬로미터에 달하는 곳입니다. 대부분 구불구불해서 배가 들어오기에 쉽지 않은 곳이기도 했습니다. 그러다 보니 비밀스러운 물건들을 사고팔기에 더없이 좋은 장소였습니다. 특히 대서양 너머에서 물건을 들여오기에 안성맞춤이었죠.

프랑코 독재의 말기에 이르러서는 담배와 술은 물론 화석 연료까지 몰래 꾸준히 팔리고 있었습니다. 당시만 해도 이렇다 할 산업이 없던 갈리시아에서 주민들은 먹고살기가 어려웠습니다. 결국 밀수에 뛰어들어 돈을 벌고 생활에 필요한 물건을 마련할 수밖에 없었

죠. 마을을 둘러싼 해안과 땅의 지형을 꿰고 있던 주민들에게 정부의 추적을 따돌리기란 식은 죽 먹기였습니다. 세월이 흐르면서 몰래 물건을 들여오는 사람들이 살기 좋은 환경이 갖춰졌습니다. 사람들은 그 환경에서 서로 자리를 잡아 나갔습니다. 이런 환경에서 지역 주민과 기업인만이 아니라 경찰과 사법 관계자도 한 자리를 차지했죠.

거래할 수 없는 물건을 사고파는 환경은 법의 테두리에 있기도 하고 없기도 하는 경제에 기대고 있었습니다. 마약 왕들은 갈리시아에서 영웅 취급을 받았죠. 자신들이 저지르는 불법 행위를 굳이 숨기지도 않았습니다. 고급 스포츠카를 타고 거리낌 없이 거리를 다녔고 바이온 저택처럼 어마어마한 땅과 건물을 사들였습니다. 주민들에게 일자리를 만들어 주었고 마을 축제에 돈을 댔으며 지역을 대표할 축구팀을 사서 후원도 아끼지 않았습니다. 주민들에게 마약 범죄에 입도 벙긋하지 말라고 위협하지도 않았습니다. 뇌물을 주어 감옥행을 피한다는 말도 주민들 사이에서 흘러나오지 않았고요. 사람들이 공연히 마피아 조직에 대해 이러쿵저러쿵 말하지 않듯 말이죠. 마약 사고팔기가 유행한 처음

몇 년 동안 활개를 치고 다니던 마약 왕들은 지역 사회에서 인정도 받았습니다. 폭력이나 협박 없이도 주민들이 그들에게 푹 빠져 있었기 때문입니다. 주민들은 마약 왕들이 지역을 이끄는 중심이라고 생각했습니다. 어린아이들은 커서 마약 왕이 되고 싶다는 생각까지 했을 정도였으니까요.

1984년, 이 모든 것이 바뀌었습니다. 정확히 말하면 갈리시아의 마약 조직이 중남미의 마약 조직과 관계를 맺으면서부터였습니다. 특히 메데인 카르텔(콜롬비아의 마약 범죄 조직)의 우두머리 파블로 에스코바르(Pablo Escobar)가 아끼는 부하들이 아코루냐(A Coruña, 갈리시아의 도시)시에 진출하면서 갈리시아의 역사를 뒤바꿀 대서양 마약 동맹이 생겼습니다. 동맹의 영향은 즉시 마을과 도시의 거리마다 나타났습니다. 1980년대 초부터 갈리시아의 청소년들이 마리화나와 코카인, 헤로인 등을 접하는 모습으로 말이죠. 당시만 해도 이 마약들은 갈리시아의 마약 상인들에게는 잘 알려지지 않았어요. 동맹은 청소년들에게 이 마약들을 먼저 경험하게 했습니다. 아이들은 마약이 특별하고 신기한 선물이라고 생각했습니다. 바로 그때부터 마약은 전염병처럼 갈리시아에 빠르게 퍼져 나갔죠.

문제의 심각성을 눈치 챈 사람은 어머니들이었습니다. 자녀들이 숨어서 마약을 하는 모습을 보고 처음 보는 물질이 몸에 얼마나 나쁜 영향을 주는지 알아챘죠. 어머니들은 자녀들이 처한 상황이 집에서 해결할 수 있는 문제가 아니라고 생각했습니다. 아이들은 마약 중독자들을 낙인찍은 표현 그대로 약해 빠지거나 타락한 것이 아니었습니다. 마약에 중독된 아들 또는 딸을 둔 것은 더 이상 부끄러운 일이 아니었습니다. 오히려 부당한 일이었죠.

사회가 가진 편견과 무지를 걷어 내려면 누가 이 상황을 만들었는지 밝혀야 했습니다. 일자리 부족이나, 가난이나, 마약의 끔찍한 효과를 몰랐다고 떠들기만으로는 부족했습니다. 그러려면 마약 거래를 반기던 지역 사회의 잘못된 생각을 깨고 마약 조직의 진짜 얼굴을 드러내야 했거든요.

어머니들은 처음부터 여기에 초점을 두고 싸웠습니다. 한 어머니 단체가 나서서 갈리시아의 최대 도시인 비고(Vigo)에서 기자 회견을 열었습니다. 그리고 마약을 다루는 술집 서른여덟 곳의 이름을 줄줄이 읽어

내려갔습니다. 대단히 무모했지만 그 용기는 헛되지 않았습니다.

그날 이후 어머니들 사이에서는 모임을 만들어 정보를 나누자는 이야기가 나왔습니다. 그 길로 아침마다 도서관에 가서 마약의 효과와 위험성을 익혔고요. 약물 설명서를 읽기 위해 영어를 배웠고 전 세계의 마약 전문가들에게 연락하기도 했습니다. 지식을 쌓는 활동 이상으로 마약 조직의 우두머리들을 잡는 일은 더 중요했습니다. 어머니들은 마약을 파는 술집이나 가게를 찾아다니며 감시하고 신고하기도 했습니다. 이런 활동의 결과를 사회에 널리 알리기 위해 연합을 만들었습니다. 언론을 통해 국민의 시선을 모으고 정부 관

나와 내 친구들의 죽음이 다른 사람들에게 교훈이 되길

계자들을 끌어들였죠. 갈리시아 정부도 더는 못 본 체하거나 뇌물을 받고 마약 범죄를 덮을 수 없었습니다. 어머니들이 연 집회에 갈수록 많은 사람이 함께했거든요. 갈리시아의 곳곳에서는 여러 시위가 벌어졌습니다. 사람들은 "죽음을 부르는 마약에 반대한다.", "파블로 에스코바르＝살인마!", "청소년들을 더 이상 망가트리지 말라."와 같은 플래카드를 들었죠.

에르게테연합 회장이자 갈리시아 마약 반대 운동의 지도자 가운데 하나인 카르멘 아벤다뇨(Carmen Avendaño)는 당시를 이렇게 돌이켜 보곤 했습니다.

"처음에 우리는 개미처럼 작은 존재였습니다. 마약 상인들도 '미친 아낙네들'이라면서 정신 나간 아줌마쯤으로 여겼을 거예요."

마약 반대 운동을 벌이던 어머니들은 범죄 조직에게서 목숨을 위협받기도 했습니다. 사실 그보다 더한 문제는 따로 있었죠. 정작 남편들은 집회에 마지못해 따라나섰거든요.

어떤 아버지는 무서워서, 또 어떤 아버지는 자녀를 잃은 슬픔 때문에 집회에 나오지 않았습니다. 결국 어머니들의 운동에 함께하기까지 많은 시간이 지나야 했죠. 이들 가족이 놓인 상황은 드라마와 같았습니다. 평범한 엄마와 가정주부의 역할을 저버리면서 활동하자 가정에는 싸움이 잦았습니다. 마약 반대 운동을 하는 내내 이들에게 아픔과 죽음이 수시로 찾아 왔거든요. 운동을 펼치는 사이 많은 어머니가 자식을 잃었고 자식이 마약과 싸우는 과정을 함께하며 아파해야 했습니다. 대부분 자녀가 여럿이다 보니, 어떤 자식은 잃고 어떤 자식은 마약의 늪에서 허덕이는 아픔을 한꺼번에 겪기도 했습니다. 운동에 꾸준히 함께하기는 결

코 쉬운 일이 아니었습니다. 그래도 어머니들은 멈출 수 없었습니다. 마약 반대 운동이야말로 모든 것을 바꿀 유일한 기회라고 믿었기 때문이죠. 그리고 어머니들은 해냈습니다.

운동이 몇 년째 이어지자 사람들은 차츰 어머니들의 목소리에 귀 기울였습니다. 정부와 경찰 측이 마약을 몰래 들여오는 상인을 잡아들이는 등 마약 조직 소탕에 나섰습니다. 마약 범죄 조직에 대한 주민들의 반응도 차가워졌습니다. 마약 상인이 연이어 잡히면서 누구도 그들을 성공의 상징이나 대단한 사업가로 여기지 않았습니다. 마약 상인과는 어떠한 관계도 맺으려 들지 않았고요. 어머니들은 당장의 이익에 만족하던 과거의 분위기를 깨부쉈습니다. 마약을 모든 사람이 다 함께 해결해야 할 사회적이고 정치적인 문제라는 생각을 심어 주었죠.

에르게테연합을 중심으로 법을 바꾸어야 한다는 목소리도 커졌습니다. 마약 범죄 처벌을 무겁게 하고 한번 내려진 형벌이 제대로 행해지도록 해야 한다는 내용이었죠. 어머니들은 마약 상인들이 사회에 발도 붙이지 못하게 하고 싶었습니다. 그럼에도 이런 계획이 언제나 성공으로 끝나지는 않았습니다. 오우비냐처럼 이름난 마약 조직의 우두머리들은 늘 법을 빠져나가 모은 재산을 고스란히 지켰거든요. 정작 중요한 우두머리들의 손에는 수갑이 채워지지 않았습니다. 몸통은 건드리지 않았기 때문이었죠. 법이 하지 못한다면 다른 방법으로라도 그들을 잡아야 했습니다. 그래서 어

머니들은 바이온 저택을 비롯해 마약 거물들의 별장이 있는 곳은 어디든 달려갔던 것입니다. 법을 피해 갔을지는 몰라도 자신들은 누가 진짜 죄인인지 알고 있다고 일러 주기 위해서. 시간이 지난다고 자신들의 분노가 가라앉지는 않을 것임을 알려 주기 위해서. 당신들을 감옥에 가둘 방법을 찾아내고야 말겠다고 경고하기 위해서였습니다.

어머니들은 한순간도 약해지지 않았습니다. 바이온 저택 앞에서도, 집회에서도 주눅 들지 않았습니다.

에르게테연합은 운동을 멈추지 않았고 오히려 더 커져 나갔습니다. '마약에 반대하는 어머니들'을 지지하는 사람들도 차츰 늘어났습니다.

마약이 스페인에 유통되자, 어머니들의 운동은 갈리시아를 넘어 곳곳으로 퍼졌습니다. 마

침내 2008년에 어머니들은 바이온 저택의 자물쇠를 열었습니다. 정부가 저택과 모든 재산을 빼앗았기 때문이죠. 두말할 필요 없는 어머니들의 승리였습니다. 어머니들과 함께 다시 철문 앞을 찾은 아벤다뇨는 약 15년 전 그 문을 부수려고 안간힘을 쓰던 기억을 떠올리며 감격에 사로잡혔습니다.

"유럽 사법부 역사에서 처음으로 재산 몰수가 이루어졌네요. 수천 명의 죽음과 수많은 가족의 눈물이 이루어 낸 결과입니다. 몇 명은 이제 세상을 뜨고 없지만, 우리 미친 아낙네 네 명은 자부심을 느낍니다."

> 어머니들은 한순간도 약해지지 않았다. 바이온 저택 앞에서도 집회에서도 주눅 들지 않았다. 에르게테연합은 멈추지 않고 오히려 더 커져 갔다.

죽음으로 사회와 편견에 맞서다

_액트업 운동

사람들은 쥐 죽은 듯이 조용히, 조금씩 앞으로 나아갔습니다. 멀리서 북소리가 들려왔습니다. 시위의 참가자들은 군인들이 행진하듯 메마른 북소리에 맞춰 걸음을 내디뎠습니다. 플래카드를 들거나 확성기를 손에 쥔 사람도 있었습니다. 시위자들의 메시지가 적힌 티셔츠를 입은 사람도 있었습니다. "당신도 걸릴 수 있소!"라고 외치며 엄숙한 행진 분위기를 깨는 사람도 있었습니다. 대부분은 상자나 작은 항아리, 봉지 등을 손에 들고 있었죠.

긴장감이 감도는 침묵은 곧 끝났습니다. 시위대가 목적지인 백악관에 도착했을 때 말이죠. 총을 든 경찰들은 막 도착한 시위대가 안으로 들어가지 못하게 막았습니다. 경찰들과 시위대 사이에 충돌은 없었습니다. 시위대에게는 다른 계획이 있었거든요. 안으로 들어가려고 경찰들과 몸싸움을 벌이는 대신, 백악관을 둘러싼 울타리를 따라 뛰면서 빠르게 흩어졌습니다.

당황한 경찰들이 지켜보는 가운데 시위대는 울타리 앞에 자리 잡은 뒤 들고 있던 상자나 항아리, 봉지

> 뼛가루 시위는 '액트업(ACT UP)'이라는 시민 저항 운동 단체가 이끌었다. 전쟁 반대 운동가들에게 영향을 받아, 시민들에게 에이즈가 얼마나 위험한지 알리고자 움직인 단체였다.

등을 열었습니다. 백악관의 잔디밭에 무언가를 쏟았을 때 경찰들은 어리둥절해졌습니다. 쏟아진 것은 뼛가루였거든요. 친구, 애인, 자녀, 형제, 심지어 이름 모를 누군가의 뼛가루였죠. 정부가 점차 퍼지는 에이즈 감염을 손 놓고 바라만 보던 사이에 목숨을 잃은 수천 명의 뼛가루였습니다. 그 뼛가루는 사회를 향한 외침이기도 했습니다. 에이즈를 모른 척하던 사회, 동성애를 무조건 싫어하고 차별하던 사회를 향한 외침이었습니다.

뼛가루 시위는 '액트업(ACT UP)'이라는 시민 저항 운동 단체가 이끌었습니다. 전쟁 반대 운동가들에게 영향을 받아, 사람들에게 에이즈가 얼마나 위험한지 알리고자 움직인 단체죠. 당시만 해도 에이즈는 새롭게 나타난 바이러스성 감염병이었어요. 동성애를 업신여기는 표현인 '분홍 흑사병(동성애를 상징하는 분홍색에서 유래)'으로 더 잘 알려져 있었습니다.

에이즈를 일으키는 HIV 바이러스가 발견되기 전까지, 언론에서는 남성끼리 성관계를 맺으면 혈액에 이

상이 생기고 피부에 짙은 반점이 나타난다고 떠들어 댔습니다. 병원의 의사나 간호사조차 감염될까 두려워 에이즈 환자의 몸을 씻기려 들지 않았고요. 구급차 대원도 상태가 심각한 에이즈 환자는 옮기려 하지 않았어요. 교회에서는 에이즈가 죄를 저지른 자에게 찾아오는 병이라고 설교하곤 했습니다. 그 당시에 유명했던 제리 팔월(Jerry Falwell) 목사는 '시속 90킬로미터 이상으로 운전하면 벌금을 내야 하는 것과 마찬가지'라고 비유하며 이렇게 말하기도 했습니다.

"당신이 하나님이 정한 법을 어기면, 바로 이런 일이 벌어지는 겁니다."

액트업은 이러한 분위기를 바꾸기 위해 무언가를 해야겠다고 결심했습니다. 특히 에이즈를 둘러싼 이해관계 때문에 심각한 상황을 모른 척하는 사회를 널리 알리고 싶었죠. 미국 사회에서 문제가 된 동성애 혐오주의를 저마다의 목적에 따라 이용한 뒤에는 에이즈의 해결에 입을 다무는 현실을 깨고 싶었던 겁니다. 당시 정부는 아무런 조치도 하지 않았습니다. 식품의약국(FDA)도 환자들을 대상으로 제대로 조사조차 하지 않았습니다. 제약 회사들도 연구를 서두르지 않았고요. 오히려 그 반대였죠. 경제

적인 이익 때문에 새로 발견한 내용이나 진행 사항을 서로 전혀 나누지 않았습니다.

액트업이 만들어지기 전에는 '남성동성애자건강위기지원센터(GMHC)'가 남성 동성애자들에게 에이즈 정보를 전하고 있었습니다. 다만 에이즈의 원인을 밝히는 일을 뒤로 미루고 있었죠. 1960년대부터 동성애자 운동의 핵심이 성별에 얽매이지 않는 자유로운 성관계에 있었기 때문입니다. 같은 성별의 사람들끼리 성관계를 했을 때 에이즈가 생긴다면 그들의 운동에 큰 피해가 생길 게 분명했습니다. 대신 GMHC는 빠르게 퍼지는 감염을 막는 운동에만 집중했죠.

GMHC는 정보를 모으고 환자들에게 필요한 내용을 조언해 주는 데 큰 도움이 되었습니다. 그러나 그것만으로는 충분치 않았습니다. GMHC를 세운 멤버 래리 크레이머(Larry Kramer)는 보다 적극적으로 행동해야 한다는 생각에 GMHC를 탈퇴했습니다. GMHC가 뉴욕시의 지원금이나 정치적 지지에 목을 매다 보니 여러 장애물에 가로막혀 있다고 생각했거든요. 크레이머는 에이즈가 퍼지는 위기 상황에 책임 있는 이들을 공격하는 연설에 열을 올렸습니다. GMHC가 곱지 않은 시선으로 본 것은 당연했죠.

"에이즈는 전염병입니다, 전염병! 우리는 몹쓸 전염병의 위험에 놓여 있습니다. 수많은 환자가 위험한 전염병에 걸려 있는데, 다들 전염병이

전쟁 말고 에이즈를 위한 예산을!

아닌 것처럼 대응하고 있습니다!"

크레이머의 유명한 연설 가운데 한 부분입니다.

"이 병원에서, 이 도시에서, 이 세상에서 누구도 에이즈를 전염병으로 생각하지 않습니다. 수많은 사람이 그 고약한 전염병에 걸려 있는데도 말입니다!"

크레이머는 에이즈가 전염병임을 잘 알고 있었습니다. 그는 '게이와레즈비언을위한커뮤니티센터'로 사람들을 모아 행동할 단체를 만들자고 제안했습니다. 여기에 찬성한 사람들은 에이즈에 걸린 환자들이었습니다. 그 시절의 에이즈는 사형 선고나 마찬가지였어요. 에이즈에 걸린 사람들은 더 잃을 것도 없었죠. 레이건 대통령이 이끄는 정부가 의료 투자를 줄이는 현실에서 가만있다가는 죽을 수밖에 없는 운명이었습니다. 그들은 두려움 없이 거리로 나설 준비가 되어 있었어요. 누군가는 그날의 모임을 이렇게 기억했습니다.

"우리는 새로운 길을 열고 있었습니다. 이제껏 누구도 보건 문제에 사회 정의 운동을 펼친 적이 없었거든요. 시민들이 저항하자고 외친 적은 더더욱 없었고요. 우리는 감동하기도 했고 조금 놀라기도 했습니다. 직장과 가정에서 내쫓기면서도 사회에서나 법에서 전혀 보호받지 못하고 있었어요. 사회에서 공포와 차별의 대상이 되어 공격을 받은 적도 있었으니까요."

이렇게 액트업이 탄생했습니다. 액트업은 금세 세계적인 운동 단체로 발전했습니다. 처음부터 모두가 단체를 이끌었고 각각의 회의에서 의사 결정을 내리는 단체로 커졌습니다. 액트업은 영어로 '힘을 불러오기 위한 에이즈 연합(AIDS Coalition To Unleash Power)'의 약자입니다. 액트업이라는 말에는 "응답하다."라는 뜻이 있기도 합니다. 무언가에 맞서거나 도전하는 느낌을 주기에 충분한 이름이었죠.

액트업이 펼치는 운동 정신도 이와 다르지 않았습니다. 실제로 무관심하거나 차별하는 사회를 뒤흔들어 불편하게 했거든요. 당장 액트업을 처음 제안했던 3월에 뉴욕의 월가에서 첫 번째 집회가 열렸습니다. 시위대는 몇 달 지나지 않아 뉴욕의 증권 거래소에 들이닥쳤고 FDA를 하루 내내 점령하거나 우편 총국을 막아 버렸습니다. 잡지 〈코스모폴리탄〉 편집부를 공격하고 세인트패트릭성당의 예배에 끼어들기도 했습니다.

액트업은 사람들 입에 오르내릴 만큼 유명한 운동도 펼쳤습니다. 운동은 '침묵=죽음(Silence=Death)'이라는 단순하지만 강한 인상을 남기는 슬로건을 내세웠습니다. 이는 액트업의 주요 목표 가운데 하나였습

니다. 또 에이즈 문제는 의료 기술이 발달하면 자연스럽게 풀릴 단순한 문제가 아니라고도 했죠. 에이즈 문제를 따지기 꺼리는 사회의 동성애 혐오 분위기에 원인이 있다고도 보았습니다. 에이즈 문제를 다른 사회 위기처럼 나라가 관심을 갖고 해결해야 한다고 했죠.

1991년에 액트업은 에이즈로 사망하는 사람이 8분에 한 명씩 생기고 있다고 발표했습니다. 그해 미국에서만 15만 6143명이 에이즈로 목숨을 잃었습니다. 이듬해인 1992년에는 19만 4476명이, 1993년에는 23만 4225명이 사망했어요. 1990년대까지 전 세계에서 에이즈로 사망한 사람은 총 3500만 명으로 봅니다. 액트업 운동가들에게는 아파할 시간조차 주어지지 않았죠. 분노한 운동가들은 쉬지 않고 싸워야 했어요. 죽음을 막으려면 에이즈 환자의 장례식도 어떻게든 이용해야 했습니다.

이런 아픔 속에서 액트업은 성과를 거뒀다. 적극적인 활동 덕분에 빠르게 퍼지는 에이즈를 막고 수많은 목숨을 구했기 때문이다. 어떤 문제를 앞에 두고 침묵하는 정부가 문제의 공범이라는 사실을 증명하기도 했다.

액트업 역사에서 가장 기억될 만한 행동은 백악관의 잔디밭에 뼛가루를 뿌리는 것이었습니다. 에이즈 환자를 죽음으로 몰고 간 진짜 책임자들이 따로 있다는 사실을 알리는 데 이보다 더 직접적이고 상징적인 방법은 없었거든요. 위기 앞에서 행동하지 않는 것은 학살과 차이가 없었습니다.

"입맞춤은 누구도 죽이지 않는다. 탐욕과 무관심이야말로 모두를 죽일 수 있다."

이는 액트업의 중요한 구호가 되었습니다. 운동가들은 로널드 레이건 대통령과 조지 부시 대통령을 '살인자'라고 부르는 데 망설이지 않았습니다. 액트업 운동가들은 운동을 멈추지 않았고 사회의 무관심에 마침표를 찍었습니다. 그리고 정부와 제약 회사가 새 치료제를 서둘러 승인하도록 했습니다. 에이즈 연구에 더 많은 기금을 보내고 치료제가 많은 환자에게 쓰이도록 했습니다. 운동가들의 싸움은 비극에 가까웠습니다. 10년 동안 싸우면서 많은 운동가가 목숨을 잃거나 동료와 친구, 지인이 죽어 가는 모습을 지켜봐야 했거든요. 많은 치료제가 쓰인 후에도 혼자만 살아남았다는 죄책감에 지독한 상처를 겪는 사람들도 많았습니다.

이런 아픔 속에서 액트업은 마침내 성과를 거뒀습니다. 적극적인 활동 덕분에 수많은 목숨을 구했거든요. 또 어떤 문제를 앞에 두고 침묵하는 정부가 그 문제의 공범이라는 사실을 증명하기도 했습니다.

액트업이 에이즈 위기를 해결하기 위해 보여 준 의지는 큰 감동이었습니다. 그들이 구한 생명의 가치는 헤아릴 수 없이 큽니다. 그럼에도 완벽한 승리를 거두었다고 말하기엔 부족한 점이 있습니다. 아직도 HIV 바이러스가 생명을 위협하고 액트업이 동성애를 꺼리는 사회 분위기와 편견에 맞서 싸우고 있기 때문이죠. '동성애'라는 낙인은 아직도 누군가를 죽음으로 몰아가고 있습니다.

*DEAD FROM LACK OF DRUGS : 약이 부족해 사망.
 (AZT와 Dextran Sulfate는 HIV의 감염을 방해하는 물질)
*KILLED BY THE FDA : FDA가 죽이다.

10년의 시위, 마침내 승리하다
_이케 여성 운동

밖으로 막 나가려던 로시는 화장실에 틀어박힌 채 거울 앞에 다닥다닥 붙어 있는 공장 동료들을 발견했습니다. 다들 머리를 매만지고 화장을 고치거나 구겨진 치마를 정돈하느라 정신이 없었습니다.

"뭐야, 얘네 지금 하는 짓 좀 봐. 어디 가는 줄 알고나 그러는 거야?"

"얘, 대도시로 가려면 좀 꾸며야 하지 않겠니?"

"그래, 실컷 꾸며라. 그게 그렇게 소원이면……"

로시는 더 이상 아무 말 하지 않았습니다. 그날 아침, 동료 중 누구도 오비에도(Oviedo, 스페인 아스투리아스 지방의 중심 도시)에 갈 수 없다는 사실을 이미 알고 있었습니다. 계획을 아는 사람은 로시 외에 별로 없었습니다. 그날, 그들은 고속도로의 중간에 내려 타이어로 벽을 세우고 불을 지른 뒤, 할 수 있는 한 오래 경찰의 압박을 버텨야 했습니다. 동료들의 예상보다 훨씬 과격한 행동이었지만, 딱히 놀랄 일은 아니었습니다. 이런 거친 행동을 할 때면 집행부는 늘 어떤 점들이 위험할지 미리 일러 주곤 했거든요. 로시가 "내일은 다 같이 움직일 거야. 바지 차림에 편한 신발을 신고 와."라고 해 봤자, 다들 그 말을 신경 쓰지 않았습니다. 꽉 끼는 치마에 하이힐을 신고 핸드백을 멘 채 나타났으니까요.

불과 몇 주 후, 로시와 동료들은 화물선 한 대에 뛰어들었습니다. 역시 곱게 화장하고 한껏 꾸민 모습이었죠. 그때를 돌이켜 보는 로시의 말을 들어 보겠습니다.

"오전 8시쯤 바하마 국기를 단 배가 엘무셀항구에 들어온다는 소식을 들었어요. 잠시 뒤 우리는 그 배에 뛰어들기로 했습니다. 그리고 사다리를 타고 배에 올랐죠. 우리는 모두 여성이었어요. 선원 한 명이 톱질하다 말고 쟁반처럼 커진 눈으로 우리를 보았습니다. 유혹에라도 빠진 듯이 말이에요. 배에는 '금연(No Smoking)'이라고 크게 적힌 기둥이 있었어요. 우리는 보란 듯이 줄줄이 담배를 피워 댔죠. 그때의 긴장감이란. 선원들이 다가오더니 '플리즈, 노 스모킹, 노 스모킹. 붐!' 하고 외쳤어요. 발아래에는 폭발약 더미가 그득했어요. 선장은 우리를 내쫓으려고 했죠. 경찰이 사다리를 타고 올라와 상황을 보더니, 겁에 질려서는 오리처럼 뒤뚱거리며 한 발, 한 발 조심스럽게 걸었어요."

이렇게 폭발약을 실은 배에 뛰어들고 쿠바 대사관을 점거하는가 하면, 펠리페 곤살레스(Felipe González) 총리가 뒷문으로 몰래 의회에 들어가게 한 여성들. 그들이 바로 '이케(IKE)의 그녀들'입니다. 이들은 일하던 회사 '콘펙시오네스히혼'이 문을 닫는 데에 반대해 1984년부터 1994년까지 무려 10년에 걸쳐, 끈질기게 싸운 160명의 스페인 아스투리아스 지방의 여성 노동자들이었어요. '이케의 그녀들이 벌인 시위는 오늘날 노동자 단체와 연대의 본보기로 봅니다. 시위를 벌인 10년 가운데 4년은 일하던 공장에서만 보냈고요. 그 끝에 공장과 안에 있던 기계들을 모두 차지하는 데 성공했죠.

사실 '이케의 그녀들'은 치밀하게 계획을 세워 공장을 차지하지는 않았습니다. 다른 산업들과 달리 의류 제조업에는 강한 노조가 없었거든요. 스페인 사람들에게 유명한 셔츠 브랜드인 '이케셔츠'로 더 잘 알려진 콘펙시오네스히혼은 봉제 일을 하는 여성 노동자들에게 가족 같은 회사였습니다. 여성 노동자들은 대부분 근처 시골 마을에서 올라와 사장인 엔리케 로페스(Enrique López)를 아버지처럼 대했어요. 여성 노동자들에는 어린 나이에 공장에 들어와 초등 교육마저 받지 못한 이도 있었습니다. 처음 노동자 단체를 만들겠다고 했을 때 이들은 여자가 무슨 활동이냐며 무시하는 사회 분위기와도 맞서야 했습니다.

"사람들은 우리한테 싸움에 나서느니 설거지나 하는 게 낫다고 했어. 남자들처럼 우리도 집안을 먹여 살리는 가장이었는데 말이야."

당시 아스투리아스 지방은 쓸모없는 산업을 없애고 있었습니다. 벌써 몇 년째 이익이 없는 회사나 공장은 문을 닫고 있었죠. 1983년 3월, 이케셔츠도 이 작업에 들어갔습니다. 노동자들은 말 그대로 바닥부터 맞서야 했습니다. 그녀들 가운데 누군가는 저항을 시작한 날을 이렇게 기억하고 있습니다.

"어느 날 간식 시간에 회의를 열어 일터로 돌아가지 말자고 결정했어요."

곧 수백 명이 쫓겨나고 월급은 제자리에 일감마저 줄어들다가, 공장을 닫는 순서로 이어질 게 뻔했으니까요. 그날부터 간격을 두고 시위가 이어졌습니다. 노동자들이 믿고 따르던 집행부가 앞장서며 시위가 벌어졌습니다. 처음에는 공장이 문을 닫지 못하게 싸웠습니다. 그러려면 지방 정부와 회사 경영진에 맞서야만 했죠. 그렇게 2년을 싸우자, 회사는 직원 모두를 잠시 동안 고용하겠다는 서류를 내밀었습니다. 이는 곧 이케셔츠의 문을 닫겠다는 뜻이었죠.

"공장이 멈췄을 때 우리에게는 두 가지 선택이 있었습니다. 하나는 이대로 흩어져서 각자 집으로 돌아가는 것이었죠. 이는 '직장을 잃은 일'을 개인의 문제로 여기고 혼자 외롭게 아픔을 삭이는 방법이었어요. 또하나는 함께 힘을 모아 희망의 불씨를 살리고 서로에게 기대는 방법이었어요."

사람들은 대부분 두 번째를 택했습니다. 다 같이 거리로 나와 도로를 막고 경찰들과 맞섰으며 밤이 와도 집에 돌아가지 않았습니다. 로시는 이렇게 회상했습니다.

"우리는 이미 경찰들의 폭력에 익숙해져 있어서 그날도 강제로 쫓겨나리라 생각했어요. 그래서 공장에 진을 친 겁니다. 입구에 석유 드럼통을 놓고 눈에 잘 보이게 선을 늘어트렸어요. 화재 대피 통로를 따라 선을 이은 부탄가스 폭탄도 설치했습니다. 모두 겁을 주려는 가짜였지만요. 그렇게 해서 경찰들을 막아 냈고 우리 것으로 만들 때까지 공장 안에 머물 수 있었습니다."

말이 그렇지 공장에 갇힌 채 4년이란 세월을 보내기는 힘든 일입니다. 수돗물도 나오지 않는 곳에서 작업대 위에 몸을 눕혀 자는 생활이 자그마치 4년이나 이어졌으니까요. 그녀들은 아침, 점심, 저녁마다 당번을 정해 공장 안이 시설이 녹슬지 않도록 꼼꼼히 살폈습니

다. 혹시 공장에서 생활하는 동안 이들에게 낭만적인 순간은 없었냐고요? 로시가 한 말을 잘 들어 보세요.

"공장에서는 전기난로를 켰고 봉사 단체인 카리타스가 보내 준 이불을 덮었습니다. 춥고 먼지가 가득한 곳에서 지내다 보니 감기가 끊이지 않았죠. 그곳에서 처음으로 크리스마스이브를 보낼 때였어요. 〈엘파이스 (El País)〉 신문은 우리가 무얼 하며 크리스마스를 맞을지 궁금하다는 기사를 냈어요. 신문은 '당연히 저녁 식사를 하면서겠지.'라고 썼지만 아무것도 모르는 소리였어요."

그녀들은 생계를 잇기 위해 가게도 열었습니다. 옷감과 단추는 물론, 이미 만들어 뒀던 셔츠 2만 장도 내다 팔았습니다.

"닥치는 대로 아무 일이나 했어요. 바느질도 하고, 모임을 알리는 벽보도 만들고 공부도 했죠. 전 병원에서 조수 일을 했고요."

공장 생활을 가장 오래 했던 노동자 아나의 기억이었습니다. 이들은 1990년 11월에 여성 모임도 만들었습니다. 자신들과 비슷한 노동 문제를 겪는 여성들을 만나 서로의 경험을 나누고 도움도 주고받으려는 목적에서였습니다. 공장에서 생활하며 시위는 계속 이어졌습니다. 앞서 이야기한 화물선과 대사관 점거는 세상을 떠들썩하게 했습니다. 큰 사건이 아니더라도 '이케의

그녀들'은 날마다 싸움을 멈추지 않았습니다. 기찻길에 몸을 묶거나 공장에서 쓰는 바늘을 손에 든 채 총을 든 경찰에게 맞서거나, '정부'라고 이름 붙인 당나귀를 끌고 시내 거리를 돌아다녔죠. 시청에서 그녀들의 출입을 막자 길거리에서 정치인들을 따라다녔습니다. 또 아스투리아스공상(스페인의 프린시페데아스투리아스재단이 해마다 사회 각 분야에서 성과를 거둔 개인이나 단체에 주는 상) 시상식 보안 요원들이 그녀들의 사진을 갖고 다닐 정도였어요. 이에 아나는 이렇게 설명했습니다.

"우리는 보통 인내로는 견디기 힘들 만큼 끊임없이 활동했어요. 어디선가 자꾸 나타나 괴롭히는 모기처럼 굴었거든요."

이런 의지가 가장 두드러지게 나타난 행동은 당을 만들어 선거에 출마한 것이었습니다. 당 이름은 '실업에반대하는이케여성들'이었죠. 당시에 아나는 언론에 조금이라도 알려질 수만 있다면 무엇이든 하자는 생각에서 한 일이었다고 이야기합니다.

"마지막 순간까지 출마를 없던 일로 해야 할지 고민했습니다. 우리가 선거에 나가면 크게 피해를 입는 당이 있으리라고 생각했거든요. 선거에 나가지 않는 대신 우리의 요구를 외쳐 줄 수 있을지 그 당과도 대화해 봤죠. 안타깝게도 우리의 입장을 전혀 이해하지 못했어요. 결국 원래 계획대로 밀고 나가 시민에게 표를 구하기로 했

죠. 그 끝에 3000표가량을 얻었고요.”

시위로 처벌받고 풀려나기를 반복하는 그녀들을 누구도 힘으로 밀어붙이지 못했습니다. 이어서 경매를 통해 공장 주인이 되어 공장 생활을 끝내기도 했죠. 건물과 기계를 팔고 번 돈은 다 같이 나누어 가졌습니다. 공장에서 함께 생활하지 않은 노동자까지 말이에요. 360만 페세타는 다른 기구들에게 기금으로 전했어요.

달콤한 승리였지만 그녀들은 짙은 패배감을 느꼈습니다. 직장을 잃으면서 인생이 바뀌었기 때문이죠. 수년에 걸친 어려움 끝에 가정에는 다툼이 생겼고 살 길은 막막했어요. 시위로 악명이 높은 ‘이케의 그녀들’에게 누가 일자리를 줬겠어요?

물론 얻은 것도 있었습니다. 10년 동안 쉼 없이 싸우면서 느낀 연대와 해냈다는 자부심이 그것입니다. 이는 오늘날까지도 ‘그녀들’의 가슴을 벅차게 하고 있습니다. 아나의 다음 이야기처럼 말이죠.

“너무 긴 싸움이었어요. 모두 마음 한편이 시릴 거예요. 우리가 이겼다고 생각한다면 함께 웃고 울던 기억 덕분이겠네요. 모두가 한마음, 한뜻이었다는 것을

알고 있으니까요. 우리를 짓누르려는 세력이 있었지만, 결코 싸움을 멈추지 않았어요. 적어도 공장만큼은 우리 것으로 만들었잖아요? 우리가 뭉쳤기에 서로 어깨를 맞대고 함께 나아갈 수 있었던 겁니다. 혼자였다면 아무것도 할 수 없었을 거예요.”

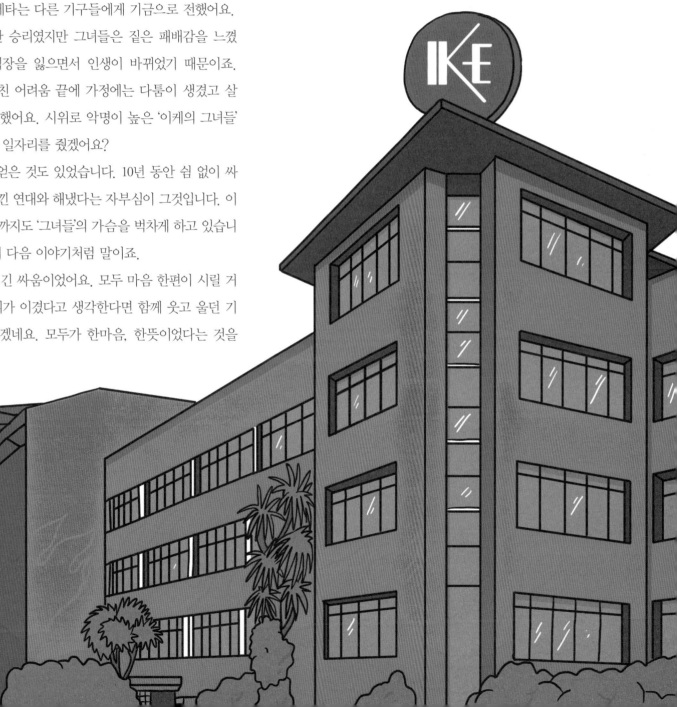

치아파스의 얼굴 없는 반란자들
─사파티스타민족해방군(EZLN)

스키 마스크 사이로 밝은색 눈동자와 오뚝한 콧날이 살짝 보였습니다. 질문자와 심리 싸움이라도 하듯 심각하고 가라앉은 말투로 질문에 이렇게 대답했죠.

"사회의 영웅이 되고 싶나요?"

"저는 메스티소(중남미 주민과 유럽 출신 백인의 혼혈인)일 뿐입니다. 우리나라에서 일어나는 끔찍한 불평등을 막기 위해 싸우는 시골 사람일 뿐이죠. 싸우고 있으니 전투원이라 해도 되겠네요."

"왜 싸우고 있죠? 왜 지금인가요?"

"이 싸움은 북미자유무역협정(NAFTA, 미국과 캐나다, 멕시코 등 3개국이 자유롭게 무역할 수 있는 시장을 만들기 위해 맺은 경제 협정)에 내놓는 우리의 대답입니다. 북미자유무역협정은 멕시코 원주민들에게 사형 선고나 다름없어요. 카를로스 살리나스 데 고르타리(Carlos Salinas de Gortari) 대통령의 정부는 주민들의 삶 따위에는 아무런 관심도 없습니다."

대답한 이는 멕시코사파티스타민족해방군(EZLN, 20세기 초 멕시코 혁명에서 농민들의 편에서 싸웠던 에밀리아노 사파타의 이름에서 '사파티스타'가 비롯했다)의 부사령관 마르코스입니다. 마르코스는 EZLN에서 가장 유명하지만, 아직까지도 비밀스러운 인물이기도 합니다. EZLN의 유일한 지도자는 아니라고 알려져 있죠.

"같은 운동을 벌이면서 어떤 사람은 마스크를 쓰고 어떤 사람은 쓰지 않았죠?"

"원래 잘생긴 사람들은 스스로를 보호해야 하는 법이니까요, 하하. 사실 마스크를 쓴 사람들은 지도부입니다. 얼굴을 가리는 이유는 두 가지고요. 첫째, 우리는 어떤 인물이 이 싸움의 주인공처럼 보이는 걸 경계합니다. 우리가 마스크를 쓰는 제일 중요한 이유지요. 둘째, 우리는 이름을 숨기고 활동하는 것을 원칙으로 삼습니다. 배신이 두려워서라기보다는 신분이 드러나면 유혹이 많아져 사람이 달라질 수 있거든요. 우리는 모든 결정을 전체 구성원의 의사를 존중해서 내리는 공동체입니다. 물론 지금 여러분은 저라는 한 사람에게서 이야기를 듣고 계시긴 합니다만, 제가 지금 여기 있기 때문이지 다른 이유 때문은 아닙니다. 다음번에는 제가 아니라 저와 똑같이 마스크를 쓴 제 동료가 여러분께 이야기하고 있을 겁니다."

녹음된 마르코스의 말입니다. 그는 기자들, 게릴라 동지들, 심지어 아무것도 모르고 그곳을 지나던 여행객들에게 이렇게 이야기하고 있었습니다. 1994년 1월, 멕시코 남부의 치아파스(Chiapas)주에서 말이죠. 이는 EZLN이 멕시코 정부에게 선전 포고를 날린 후이기도 합니다. EZLN의 역사는 1960년대 말에 정부가 시민들을 억누르던 시절로 거슬러 올라갑니다. 많은 청년이 경찰의 손에서 빠져나와 산악 지대로 숨어들었습니다. 그리고 정치적인 목적을 이루기 위해 게릴라 조직을 만들었죠. 시간이 흐르면서 멕시코의 남부 지방에 자리 잡은 이들은 농민들과 손잡고 주민들과 한데 섞였습니다. 멕시코에서 가장 가난한 치아파스 주민들과 함께하며 그들의 권리를 외쳤죠.

"군대를 만든 게 아마 그때였을 거예요. 1983년 즈음요."

"군대요?"

"네, 정부군처럼 계급과 체계가 있는 군대요. 하지만 정부군과 다릅니다. 우리는 시민들을 위한 군대지 돈 많은 이들을 위한 군대가 아니거든요."

EZLN은 일명 '라칸돈정글1차선언'을 발표했습니다. 선언은 다음처럼 강한 메시지를 던지고 있었습니다.

"'이제 그만(Ya basta!)!' 오늘, 우리는 이렇게 결심했

습니다. 우리는 이 나라를 세운 조상들의 후예이자, 자기 것을 빼앗긴 수백만 명의 가난한 사람들입니다. 이제 형제자매들에게 우리의 싸움에 함께하자고 요청합니다. 이 싸움이야말로 오래된 독재 정부의 끝없는 욕심에 굶어 죽지 않을 유일한 길입니다."

EZLN은 멕시코의 국가 권력에 맞서는 사람들이 들고일어나며 시작되었습니다. 노동자와 농민, 학생이 한데 모여 목소리를 높였습니다. '일자리, 토지, 주택, 식량, 건강, 교육, 독립, 자유, 민주주의, 정의, 평화'를 외치는 사람이라면 누구나 함께했습니다. 라칸돈정글선언의 뒤에는 500년에 걸친 가난과 차별이 있었습니다. 무기를 드는 것 외에 달리 방법이 없던 사람들은 싸우기로 했죠. 가만히 고통을 참기만 하는 세월이 벌써 수년째 이어졌거든요.

"우리는 싸우지 않고 맞이하는 죽음이 나쁘다는 것을 알았습니다. 그리고 모두가 행복하고 정당하게 사는 날을 위해 죽음을 맞이해야 한다는 것을 알았습니다. 우리는 자유와 정의를 좇고 있습니다. 희망을 잃은 우리에게는 꿈을 향해 소리치고 싸우려는 열정이 가득합니다. 그렇게 우리는 다시 한번 일어서서 앞으로 나아갔습니다. 다시 한번 단호하게 발걸음을 내디뎠습니다. 그리고 방패로 심장을 막고 무기를 손에 들었습니다."

전쟁을 선포하고 몇 달 동안 치열하고 처참한 전투가 이어졌습니다. EZLN의 목표는 수도인

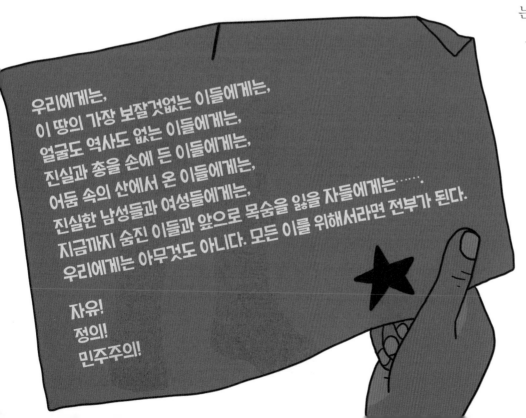

우리에게는,
이 땅의 가장 보잘것없는 이들에게는,
얼굴도 역사도 없는 이들에게는,
진실과 총을 손에 든 이들에게는,
어둠 속의 산에서 온 이들에게는,
진실한 남성들과 여성들에게는,
지금까지 숨진 이들과 앞으로 목숨을 잃을 자들에게는……,
우리에게는 아무것도 아니다. 모든 이를 위해서라면 전부가 된다.

자유!
정의!
민주주의!

멕시코시티까지 나아가 독재 정부를 무너트리고 시민들을 해방시키는 것이었습니다. 그들은 칼이나 낡은 권총처럼 보잘것없는 무기를 들었지만 기습 공격으로 멕시코의 남부 도시를 연달아 점령하며 목표에 다가서는 듯했습니다. 정부군이 마음먹고 반격에 나서자, EZLN은 멕시코시티에 들어갈 수 없었습니다. 단 일주일 사이에 EZLN 200명이 숨졌거든요. 전투에 함께했던 이의 말을 들어 보겠습니다.

"저는 농사꾼입니다. 동료들과 제가 이 싸움에 함께한 이유는 지독한 가난에 지쳤기 때문입니다. (중략) 부자들이, 그러니까 치아파스 농장의 주인들이 백인 경비원을 이용해 우리를 억누르는 데 지쳤습니다. 부자라는 이유로 정부가 그들의 괴롭힘을 눈감아 주는 데 지쳐 버렸습니다. 우리에겐 일자리와 집이 필요합니다. 교육도 필요합니다. 우리에게 정의가 실현된 적은 한 번도 없었습니다."

EZLN이라면 누구나 느꼈을 심정을 그대로 보여 주는 말입니다. 하루 이틀 시간이 지나면서 격렬한 싸움도 점차 가라앉았습니다. EZLN은 죽음도, 적군도 두렵지 않았지만 앞으로 더 나아가지 못했습니다. 결국 멕시코시티를 점령하겠다는 생각을 접고 말았죠.

시간이 지난 뒤, 국제 사회가 보낸 참관인(어떤 자리에 직접 나아가서 보는 사람)들이 지켜보는 가운데 정부와 협상했지만, 진전이 없었습니다.

한 가지 분명히 바뀐 것은 EZLN의 저항을 바라보는 세계의 시선이었습니다. EZLN은 처음부터 원주민 사회뿐 아니라 멕시코 곳곳에 자신들의 운동이 퍼지기를 기대했습니다. 하지만 사람들은 가난한 치아파스주에서 또 반란이 일어났거니 생각하며 대수롭지 않

게 여겨 버렸습니다. EZLN의 목표는 훨씬 더 컸습니다. 그들의 말을 들어 보세요.

"EZLN의 싸움은 군의 대원만을 위한 것도, 치아파스 주민만을 위한 것도 아닙니다. 모든 멕시코인을 위해서, 가진 것 없는 자들을 위해서, 빼앗긴 자들을 위해서, 가난해서 무시를 받고 죽음에 몰린 대다수 사람을 위해서 싸웁니다."

힘없고 가진 것 없는 자들의 대표로 나선 그들의 메시지는 세계적으로 커다란 반응을 불러일으켰습니다. EZLN은 부당한 자본주의에 반대해 세계 곳곳에서 일어나고 있는 저항 운동을 자신들이 이끌어 갈 수 있으리라 기대했습니다. 전 세계 반체제 운동(기존의 정치나 사회 체제를 반대하고 변화를 꾀하는 운동)을 한데 묶어 사람들을 이끌 가능성을 보았죠. 이 자신감은 1996년에 연 '인류를 위해 신(新)자유주의에 반대하는 제1차 대륙간 회의'로 이어졌습니다. 회의에는 무려 40개가 넘는 나라에서 3000명에 이르는 사람들이 참석했습니다. 참석자들은 환경 보호, 원주민 문제처럼 다양한 주제로 토론했습니다. 주제에 맞는 그림, 영화, 연극, 문학

을 활용한 여러 행사도 열렸죠. 콘서트나 시 낭송회가 열렸고 워크숍도 열렸습니다. 참석자들은 다섯 개의 주제에 300건 이상의 발표를 했습니다. 물론 발표 내용에 모든 참석자가 찬성하지는 않았습니다.

마르코스는 연설에서 EZLN이 펼친 사파티스타 운동이 다른 세계로 퍼져 가는 단계에 있고 점차 발전하고 있다고 강조했습니다.

"1994년, 무기를 들고 시작한 사파티스타 운동은 멕시코에서 또 전 세계에서 시민의 지지를 받는 또 다른 사파티스타 운동과 만나 새로운 출발을 다짐합니다. 다른 모습의 사파티스타 운동은 같은 생각을 하며 같은 목표를 향해 싸우지만, 무기도 복면도 하지 않는 사람들의 운동입니다. 그들은 우리와 다르지 않고, 모두 함께한다면 세상을 움직일 수 있다는 믿음을 나누고 있습니다. 우리는 이 새로운 운동을 '신(新)사파티스타 운동'이라 부르고자 합니다. 사파티스타 운동은 이제 우리의 것도, EZLN의 것도 아닙니다. 마르코스의 운동은 더더욱 아니며, 멕시코 사파티스타 운동가들

자율 교육은 진실이 살아 꽃피울 수 있는 다양한

의 것도 아닙니다. 이 운동은 전 세계에서 일어나고 있고 많은 사람에게 영향을 미친 커다란 한 줄기 물결입니다. 이 새로운 물결을 일으킨 주인공은 바로 여러분입니다."

EZLN이 처음부터 내세운 가치들에서 어떤 것들은 세계화에 반대하는 운동가들이 그대로 따르기도 했습니다. 이를테면 모두가 평등하고 권력을 몰아 주지 않고 나누며, 어떤 결정이든 다 같이 내리는 가치들을 말이죠. 지도자가 언론의 관심을 집중적으로 받거나 공격을 당하지 않도록 경계한다는 점도 마찬가지입니다. EZLN은 분야를 넘나들며 다양한 문제로 싸워야 함을 잘 알고 있었습니다. 원주민 사회에 뿌리박힌 식민지 문제를 외면한 채, 환경을 보호하려는 원칙을 무시한 채, 페미니즘 운동가들의 주장에 귀를 닫은 채로는 부당함에 맞설 수 없다는 점을 이해했죠. EZLN은 더 많은 사람에게 자신의 목소리를 전하기 위해 인터넷을 이용했습니다. 또, 한 가지 정치 이념만 고집하지 않았습니다. 나라마다 시민들이 마주한 현실과 역사, 그들이 필요한 사항을 헤아려 운동을 펼쳐야 한다고 믿었습니다.

'신사파티스타 운동'은 아직 살아 있습니다. EZLN이 지금도 라칸돈정글과 산에서 자유와 정의, 민주주의를 끊임없이 외치고 있기 때문이죠. 원주민 사회를 지키고 여성 혐오 범죄에 반대하는 운동을 정기적으로 벌이면서 말입니다.

EZLN에게는 새 정부도, 많은 시민이 새 정부에서 사회의 변화를 느끼며 품은 희망도 그다지 중요하지 않습니다. 마르코스는 언제나처럼 단호하기만 합니다.

"정부가 우두머리를 바꿀 수는 있겠지요. 관리자를 바꿀 수도 있고요. 그러나 돈 있는 주인만큼은 바꾸지도, 바뀌지도 않았습니다."

사파티스타 운동은 여전히 부당함에 맞서는 싸움을 이끌고 있습니다. 또 끊임없이 발전하며 다른 사회 운동에 모범이 되고 있죠.

있는 많은 세계를
세상을 만든다!

세계화 반대, 시애틀에서 시작하다
_시애틀 시위

미국 시애틀에서 사람들이 자주 다니는 도로 6번가에 커다란 플래카드가 걸렸습니다. 거기에는 "기업이 살찌는 것은 자유 무역 덕분인가, 노예처럼 일하는 노동 덕분인가?"라는 글이 적혀 있었습니다.

지금이라면 누가 해도 이상하지 않을 질문입니다. 플래카드가 걸렸던 1999년 11월 10일에는 모두 고개를 갸웃거릴 뿐이었습니다. 그날은 5만 명이 넘는 사람들이 거리마다 모여 세계무역기구(WTO, 나라와 나라가 자유롭게 상품과 서비스를 사고팔도록 세계 경제의 발전을 꾀하는 국제기구) 회의에 반대하는 시위를 벌였습니다. 회의는 세계 모든 나라가 자유롭게 무역할 수 있도록 135개국 장관들이 의견을 주고받으며 중요한 결정을 내리는 자리였습니다.

당시만 해도 나라가 시장에 끼어들지 않는 자유로움이 핵심인 '신자유주의'라는 말을 하거나 신자유주의를 비판하는 일은 정치나 경제 토론회에서조차 드물었어요. 하물며 사람들이 일상에서 정치 이야기를 하는 자리에서는 얼마나 낯선 일이었겠어요? 그런데 신자유주의를 마주한 사람들은 깊은 관심을 보였습니다. 1990년대만 해도 신문과 뉴스마다 자유로운 시장 경제가 얼마나 좋은 일인지 떠들어 대며 칭찬하기 일쑤였거든요. 이러한 사회 분위기 탓에 자유 무역의 장점을

의심하는 사람은 모두 비난받곤 했습니다. 자유 무역의 수호자를 자처했던 경제학자 밀턴 프리드먼(Milton Friedman)은 그런 사람을 이상하게 여기기까지 했고요.

'시애틀 시위'는 이 모든 것을 바꾸었습니다. 그날 아침에 싹튼 운동은 아직까지도 계속 이어지고 있습니다. 그날의 운동은 목표를 하나하나 꼼꼼하게 세운 단체 한 곳에서 시작하지 않았습니다. 세계 자본주의를 바라보는 새로운 시선이자 시민들이 가진 비판 의식이 운동의 시작이었죠. WTO 회의는 자유롭지만 냉정한 국제 경제 시장의 미래를 보여 주는 듯했습니다. 여기에 불안해진 시민들은 온 힘을 다해 열리는 회의를 막았습니다.

회의 개막식은 오전 10시 파라마운트극장에서 열릴 예정이었습니다. 빌 클린턴 대통령도 참석하는 행사였죠. 경찰 측은 노조, 여성 단체, 가톨릭 단체, 인권 단체, 시민 단체 등 수많은 단체가 모여 커다란 집회를 계획하고 있다는 사실을 이미 알고 있었습니다. 계획에 따라 수십만 명이 시애틀에 모여든다는 소문도 확인했습니다. 경찰들은 회의장을 중심으로 스물다섯 개 블록에 시위대가 다가오지 못하게 막는 선을 두르고 무기를 들었습니다. 정부 관계자들은 이 과격한 대응이 혹시 모를 시위대의 지나친 공격에 대비하기 위해

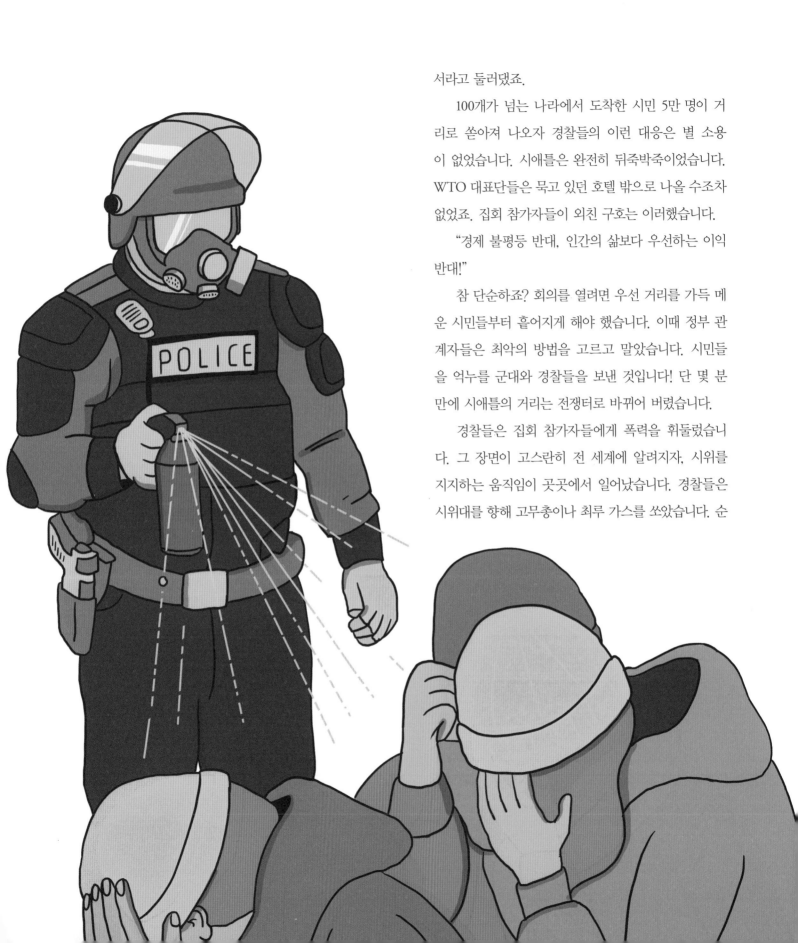

서라고 둘러댔죠.

100개가 넘는 나라에서 도착한 시민 5만 명이 거리로 쏟아져 나오자 경찰들의 이런 대응은 별 소용이 없었습니다. 시애틀은 완전히 뒤죽박죽이었습니다. WTO 대표단들은 묵고 있던 호텔 밖으로 나올 수조차 없었죠. 집회 참가자들이 외친 구호는 이러했습니다.

"경제 불평등 반대, 인간의 삶보다 우선하는 이익 반대!"

참 단순하죠? 회의를 열려면 우선 거리를 가득 메운 시민들부터 흩어지게 해야 했습니다. 이때 정부 관계자들은 최악의 방법을 고르고 말았습니다. 시민들을 억누를 군대와 경찰들을 보낸 것입니다! 단 몇 분 만에 시애틀의 거리는 전쟁터로 바뀌어 버렸습니다.

경찰들은 집회 참가자들에게 폭력을 휘둘렀습니다. 그 장면이 고스란히 전 세계에 알려지자, 시위를 지지하는 움직임이 곳곳에서 일어났습니다. 경찰들은 시위대를 향해 고무총이나 최루 가스를 쏘았습니다. 순간적으로 강한 빛과 소리로 사람을 기절시키는 섬광탄도 날렸습니다. 몽둥이까지 휘둘렀죠. 이 모두가 평화 시위를 벌이던 시민들에게 쏟아진 공격이었습니다. 경찰들이 사정없이 때린 사람들은 사회를 어지럽힌 범죄자가 아니라 농민, 젊은 환경 운동가, 노조 활동가, 인권 단체 자원봉사자들이었습니다. 심지어 〈뉴욕타임스(The New York Times)〉조차 집회 참가자들이 경찰들을 향해 화염병을 던졌다는 잘못된 기사를 냈다가 고쳐야 했죠.

경찰들이 시위대를 향해 공격을 시작했던 때는 언제였을까요? 시위하는 시민들에게 아무것도 하지 않는다면 회의가 이대로 물 건너가고 만다는 사실을 정부 관계자들이 깨달은 뒤였습니다. 시위대를 진압하는 내내 정부도 경찰 측도 대화로 문제를 해결할 수 있다는 생각은 전혀 하지 못했습니다. 시위하는 시민들은 그저 자신들의 목소리를 듣고 회의에서 의논해 달라고 외쳤습니다. 어렵지 않은 일이니 충분히 해 볼 만한 방법

이었는데도 말이죠.

당시의 클린턴 대통령은 시위대와 경찰들이 부딪치기 며칠 전에서야 시민 사회의 압력을 느꼈습니다. 그럼에도 비정부 기구(NGO, 공공의 이익을 위해 만들어진 시민 단체)를 비롯한 사회단체에 WTO 회의에 참가할 기회를 주어야 한다고 말하는 데 그쳤습니다.

"WTO는 오랫동안 전문가들끼리만 모여 비공개적으로 운영되었습니다. 회의장 밖의 사람들에게 우리가 내린 좋은 결정을 그대로 따르기만 하면 된다고 달래면서요. 평화적 시위는 미국의 전통입니다. 시애틀에 온 시위대를 환영합니다. WTO는 이 관심을 받아들이고 폭넓게 의견을 들어야 합니다."

서로 맞서기를 몇 시간째, 경찰들은 회의장 주변에서 시위대를 몰아내는 데 성공했습니다. 어떤 시위자들은 방법을 바꾸어 각 나라의 대표들이 회의장으로 가지 못하게 호텔을 에워싸며 막기도 했습니다. 정부 관계자들은 이러한 시위대를 뚫고 회의를 열었죠. 그렇게 첫째 날 시위는 끝이 났습니다. 하지만 저항은 이제 막 시작되었을 뿐이었어요. 닷새 일정으로 진행된 회의 기간 내내 집회는 멈추지 않았고 시위대는 지칠 줄 몰랐거든요.

날마다 뉴스를 휩쓸던 '시애틀 시위'가 끝난 뒤, 세계화가 누구에게나 좋은 일이라는 말은 더 이상 통하지 않았습니다. 자유로운 세계 경제를 위해 여러 나라가 경제 협정을 맺어야 하고 다양한 문화를 받아들이면 즐거운 미래를 누릴 수 있다는 주장도 힘을 잃었죠. 집회에 참가했던 필리핀 사회 운동가이자 훗날 세계화 반대 운동의 지도자가 된 월든 벨로(Walden Bello)는 '시애틀 시위'를 다음처럼 이야기합니다.

"'시애틀 집회'는 헤겔(독일의 철학자)이 주장하던 '세계사적 사건'이었습니다. 진리는 한곳에만 머무르지 않고 객관적이며 영원하다는 교훈을 주었기 때문이지요. 진리는 처음부터 완벽하지 않았습니다. 완벽을 향해 나아가는 과정에 있죠. 또 나아가는 행동을 통해 인정을 받습니다. 평범하던 사람들이 시애틀에서 단체 행동을 통해 진리를 현실로 만들었습니다. 신자유주의자들이 기업의 이익만을 지키려고 내세운 주장에 어떠한 허점이 있는지 꼬집는 행동으로 말입니다. 저는 시애틀 집회 하나로 신자유주의가 무너졌다고 말하지는 않겠습니다. 전쟁에 빗대자면 시애틀은 신자유주의에 맞선 스탈린그라드(제2차 세계 대전 당시 나치군과 소련군이 치열한 전투를 벌인 러시아의 서부 도시. 오늘날의 이름은 볼고그라드)였다고 자신 있게 말할 수 있습니다."

전투와도 같았던 시애틀 시위는 WTO뿐만 아니라 국제통화기금(IMF, 각 나라에 돈을 빌려 주어 세계 경제의 발전을 돕는 국제기구), G20(세계 주요 20개국으로 이루어진 경제 협의 기구) 등 자본주의를 지지하는 국제기구들이 언제나 옳지 않다는 생각을 퍼트리는 데 큰 역할을 했습니다. 이들 기구는 결코 공정하지 않았습니다. 기업들이 더 싼 노동력이 있는 곳으로 공장을 옮기고 옳지 못한 방법으로 배를 불리기에 좋은 결정을 내려왔거든요. 그 대가는 언제나 전 세계의 가진 것 없는 사람들이 치러야 했습니다. 특히 가난한 나라에서의 자유 무역 협정(하나의 시장처럼 자유롭게 상품과 서비스를 사고팔기로 하는 나라 사이의 약속)은 주민들의 사회를 쫓아내고 기업과 군사 세력이 손을 잡는 일을 만들기도 했습니다. 또 썩어 빠진 정부가 들어서고 나라의 산업이 약해지는데다가 법에 어긋나는 경제가 생길 수 있었죠.

시애틀 시위의 참가자들은 많은 것을 요구하지 않았습니다. 자유로운 노조 활동, 성차별 금지, 강제 노동과 미성년자 노동 중단처럼 기본 권리를 외쳤죠. 또 자신들의 목소리에 한 번쯤 귀 기울여 달라는 것뿐이었습니다.

어떤 시위자들은 WTO를 해체하라고 외치기도 했습니다. 대부분은 WTO를 비롯한 국제기구들을 공개적이고 민주적으로 운영해 달라는 요구에 그쳤지만요. 정부의 폭력적이고도 어리석은 대응에 사람들은 앞으로 긴 싸움이 될 운동을 탄생시켰습니다. 이 운동은 작은 변화에 만족하지 않았습니다. 모두에게 더 나은 세상이 펼쳐지는 새로운 세계화를 이끌겠다는 열정으로 가득했죠.

태국 방콕, 미국 워싱턴, 체코 프라하, 스위스 제네바, 스웨덴 예테보리, 스페인 바르셀로나. '시애틀 시위'

이후, 새로운 세계화를 좇는 운동가들은 이렇게 지구 곳곳에서 세계은행(개발 도상국의 경제 발전을 위해 돈을 지원하는 국제 금융 기관)과 G8(세계 경제의 나아갈 길과 경제 정책을 논의하기 위해 경제 규모가 큰 8개국이 만든 조직), IMF에 반대하는 집회를 열며 그 힘을 보여 주었습니다. 운동은 끊임없이 이어졌고 여기에 힘을 얻어 새로운 연합과 노조, 저항 단체가 생겼습니다. 멕시코의 치아파스주 시위부터 미국 월가 점령 시위(2011년에 미국 뉴욕의 월가에서 빈부 격차와 금융 기관의 부도덕성에 반대해 생긴 시위). 스페인의 15M 운동(2011년 5월 15일에 스페인에서 청년들을 중심으로 한 시위). 칠레 반정부 시위(2019년 10월에 지하철 요금 인상을 계기로 시작한 대규모 시위) 등. 시애틀에서 시작한 운동은 세계의 여기저기로 퍼져 나가며 새로운 시선과 생각할 거리를 던지고 있습니다. 더불어 시민들이 함께 나아갈 길을 알려 주고 있고요.

1999년 11월 10일에 시애틀 거리에 걸렸던 플래카드는 여전히 사람들에게 큰 영향을 주고 있습니다. 자, 여러분은 어떻게 생각하나요? 기업이 살찌는 것은 자유 무역 덕분일까요, 노예 노동 덕분일까요?

WTO 나를 이용하지 말라!

현재를 깨고 미래를 손에 넣다
2000~2020

보이지 않는 힘, '티쿤'이라 불린 유령
_타르낙 공동체

티쿤은 테러를 저질렀다는 이유로 법정에 세워졌습니다. 프랑스 경찰은 그를 쫓고 있고요. 쫓는 이유는 그가 범죄를 저질렀기 때문입니다. 티쿤이 저지른 범죄들은 이렇습니다. 파업이 연달아 벌어지던 때에 열차가 달리지 못하게 방해했다는 죄가 하나입니다. 사람들이 폭력적으로 행동하도록 부추겨서 사회를 어지럽혔다는 죄가 또 하나입니다. 경찰은 보이지 않는 유령을 쫓듯 그를 뒤쫓고 있습니다. 그런데 티쿤은 원칙이나 생각, 또 행동 방식으로만 있답니다. 사람이 아니란 소리지요. 그렇기에 누가 티쿤인지 콕 집어 말할 수 없습니다. 누구도 티쿤이 아니에요.

유대교 카발라(중세에 유행한 유대교의 신비주의)의 전통에 따르면 티쿤은 세상의 조화를 회복하고 아픔에서 건져 내는 '구원'을 뜻합니다. 유대인들이 말하는 정의의 또 다른 이름이기도 하죠. 카발라에서 이 정의는 역사의 중요한 순간이 끝날 무렵 이루어진다고 합니다.

어떻게 이러한 생각에 '테러'라는 죄를 씌울 수 있을까요? 티쿤은 누구일까요? 이 이상한 이름 뒤에는 무엇이 숨어 있을까요? 프랑스 정부 관계자들의 주장대로 이름을 밝히지 않은 채 행동하는 집단일까요? 그렇다면 티쿤의 뒤에는 누가 있을까요? 티쿤은 무슨 생각을 하고 있을까요? 또 그가 무엇을 했는데요? 왜 '티

쿤'이라는 말을 쓸까요?

이 모든 질문에 답하려면 시간을 거슬러 올라가야 합니다. 1999년과 2001년 두 차례에 걸쳐 〈티쿤(Tiqqun)〉이라는 잡지가 세상에 나왔던 때로 말이죠.

〈티쿤〉은 다양한 글을 통해 독특한 정치 이론과 계획을 선보이는 철학 잡지였습니다. 글들을 누가 썼는지 알 수 없었지만, 편집 위원들의 이름은 있었습니다. 그 가운데 한 명인 사회학 박사 줄리엥 쿠파(Julien Coupat)는 프랑스 중부에 있는 리무쟁(Limousin)주의 작은 마을 타르낙(Tarnac)의 한 농장에서 사람들과 살고 있던 인물이었습니다.

"하나의 문명이 기울면 그 문명을 없앨 필요가 있다. 이미 무너진 집을 청소할 필요는 없지 않은가."

〈티쿤〉에 실린 첫 번째 글 〈좋아, 그렇다면 전쟁이다!〉는 이렇게 시작합니다. 카발라의 교리인 티쿤을 어떻게 행동하는 정치로 바꿀 수 있는지 솔직하게 설명한 글이었습니다. 티쿤은 관계 끊기, 파괴, 폭력, 그리고 새로운 세상을 낳는 고통을 뜻했습니다. 우리가 마주한 현실을 부수고 새 현실로 가는 문을 여는 것이었죠. 세상을 바꾸는 움직임을 시작하며 모두가 잘 사는 사회를 이루자는 외침이었습니다.

잡지는 사라졌지만 티쿤 사상은 사라지지 않았습

니다. 그로부터 6년 뒤, 이름 없는 집단인 '보이지않는위원회'가 《반란의 조짐》이라는 책을 펴냈습니다. 잡지 〈티쿤〉에 담겨 있던 사상은 그렇게 또다시 세상에 나타났습니다. 책의 내용을 조금 소개하자면 이렇습니다.

"이 책의 지은이는 가짜로 만든 누군가들입니다. 진짜 지은이는 따로 있습니다. 책을 엮은 사람들은 지금 이 시대의 흔하디흔한 술집 테이블이나 굳게 닫힌 방에서 사람들이 주고받는 이야기들을 정리했을 뿐입니다. 억지로 꾹꾹 눌러 어딘가에 감춰 두었지만 결코 피해서는 안 될 사회의 진실과 불편한 시선들을 내용으로 다루고 있죠. 세상이 빠르게 돌아가는 오늘날, 세상에 있는 여러 생각을 따라가면 '혁명'이라는 결론에 이릅니다. 결론을 애써 피하지 말고 보이는 대로 움직이고 말한다면 그것으로 충분합니다."

여기에서 다시 새로운 궁금증이 생깁니다. 보이지않는위원회에는 누가 있을까요? 그들은 티쿤과 무슨 관계일까요? 도대체 그들은 무엇을 원하는 걸까요? 잡지 〈티쿤〉은 어려운 말로 쓰여 있어서 쉬운 책과는 거

리가 멀었습니다. 《반란의 조짐》은 독자들에게 행동에 나서라고 일깨웠죠. 혁명을 일으키라고 직접 시키지는 않았지만, 충분히 그런 뜻이 담겨 있었습니다. 사람들이 이러한 사실을 그냥 지나치지 못한 이유는 뭘까요? 《반란의 조짐》이 누구나 〈티쿤〉과 수상한 집단 '보이지않는위원회'를 이야기할 만큼 유명해졌기 때문입니다.

《반란의 조짐》이 프랑스의 유명한 범죄학자 알랭 바우어(Alain Bauer)의 손에 들어가면서 상황은 달라졌습니다. 책을 읽은 바우어는 보이지않는위원회의 뒤에 다른 조직이 있다고 보았습니다. 그의 경고는 대규모 시위로 어려움을 겪던 니콜라 사르코지(Nicolas Sarkozy) 대통령 정부에게 좋은 기회였습니다. 사르코지 정부는 시위를 막거나 억누르기 위한 법을 적용할 빌미를 찾고 있었거든요. 당시 프랑스 정부는 《반란의 조짐》을 정치 목적을 위하여 집단으로 폭력적 행동을 하는 단체의 매뉴얼로 보고 있었어요. 정부 관계자들은 잡지 〈티쿤〉을 조사하면서 줄리엥 쿠파와 타르낙 공동체를 쉽게 알아낼 수 있었습니다.

그렇게 2008년 11월에 경찰 부대는 언론에게 크게 관심을 받으며 특별한 작전을 펼쳤습니다. 경찰 부대는 몇 년째 젊은 지식인들이 모여 살던 한 시골 농장에 들이닥쳤습니다. 그들이 꾸미고 있는 테러를 막겠다는 핑

계를 대면서 말이죠. 젊은 지식인들은 농사를 짓고 가축을 기르며 살고 있었습니다. 농장이 자리 잡으면서 구멍가게와 술집을 열기도 했습니다. 농장이 있는 곳은 언제나 짙은 안개로 뒤덮인 외진 산골의 타르낙 마을이었어요.

나치가 프랑스를 차지했던 시절에는 저항이 강해 '작은 소련'이라 불리기도 했습니다. 이제 이곳은 경찰 부대의 작전이 펼쳐지는 아주 중요한 곳이 되어 기자들로 가득 찼습니다.

복면을 쓰고 기관총을 든 경찰 부대는 스무 명쯤 되는 청년들을 잡아들였습니다. 잡힌 청년들을 테러범으로 벌하기 위해 검찰이 내세운 죄는 이러했습니다. 파업 기간 중 프랑스국영철도(SNCF)의 철로를 일부러 망가트려 열차의 운행을 방해했다는 죄였습니다. 누군가 철로에 말발굽 모양의 철을 놓아 열차를 멈추게 했고 열차 도착 시간을 줄줄이 늦췄다는 것입니다. 잡힌 청년들은 법정에서 모두 무죄로 풀려났습니다. 단 한 사람, 정부가 테러 조직의 우두머리라고 가리킨 줄리엥 쿠파를 빼고 말이죠. 쿠파가 테러범이라는 이유로는 《반란의 조짐》을 썼다는 점 하나밖에 없다는 사실이 문제였습니다. 물론 쿠파는 책의 지은이가 아니라고 했고요.

쿠파는 1년 넘게 감옥에 갇혀 지냈습니다. 그는 경찰 측이 자신을 《반란의 조짐》과 잡지 〈티쿤〉의 지은이로 몰기 위해 어떤 일들을 했는지 감옥에서 인터뷰를 통해 알리기도 했습니다.

"우리가 테러를 저질렀다고 내세우는 근거는 머릿속의 생각을 정말 행동으로 옮겼는지 의심하는 수준이었습니다. (중략) 바로 이것이 이 재판에서 가장 놀랄

만한 부분입니다. 조사에서 넘겨진 증거라고는 달랑 책밖에 없었어요. 그들은 원하는 답이 나올 때까지 나를 끝없이 몰아붙였죠. 《반란의 조짐》이 이야기하는 대로 행동하라고 했고요. 《반란의 조짐》의 주장처럼 정체를 드러내라고요. 그리고 1917년 10월에 벌어진 볼셰비키 혁명을 기념해 열차 운행을 방해했음을 인정하라고 말입니다. 테러 소탕 작전으로 잡아들인 사람이 고작 잡지의 편집자라니요. (중략) 책 한 권 때문에 정부가 벌벌 떨었던 적이 프랑스의 역사에 있었던가요?"

이러한 온갖 노력에도 쿠파가 책을 썼다거나 그가 '티쿤'이라는 증거는 어디에도 없었습니다. 열차 운행을 방해했다는 점도 마찬가지였습니다. 그가 잡혔다는 뉴스가 나오고 얼마 뒤, 독일의 한 환경 단체가 철로를 망가트린 범인은 자신들이라고 밝히는 내용을 발표했습니다. 환경 단체는 독일로 방사선 폐기물을 옮기는 데 항의하는 뜻으로 벌인 일이었다고 털어놨죠. 그리고 열차가 멈추면서 피해 입은 사람들에게 사과했습니다.

쿠파와 타르낙 공동체의 청년들을 벌하려던 사법부의 노력은 물거품이 되었습니다. 판사는 판결문에서 타르낙 사건이 "하나의 유령이었다."라고 밝혔고요. 나중에 다시 조사한 결과, 경찰 측이 전한 정보는 대부분 틀렸거나 거짓이었습니다.

젊은 지식인들이 꾸린 공동체를 테러 집단으로 몰려던 계획은 이렇게 실패로 돌아갔습니다. 그리고 티쿤은 줄리엥 쿠파와 타르낙 공동체를 훨씬 뛰어넘은 존재가 되었습니다. 티쿤은 어떻게 생각해야 하는가, 어떤 입장을 가져야 하는가, 어떻게 행동해야 하는가에 대한 대답의 하나일 뿐이었습니다. 경찰 측이 어떤 방법을 써도 잡을 수 없었거든요.

이후로도 '보이지않는위원회'는 책을 여러 권 펴냈습니다. 티쿤도 계속해서 새로 나타나는 사상마다 영향을 끼쳤습니다. 스페인의 15M 운동, 아랍의 봄(2010년 말부터 중동과 북아프리카로 퍼져 나간 시위), 미국의 월가 점령 시위, 그리스의 신타그마광장 시위(2015년 그리스의 경제 위기 때 펼쳐진 시위), 터키의 반정부 시위의 바탕에는 모두 티쿤이 있었습니다. 지금까지도 이어지고 있는 스페인의 카탈루냐 독립 운동(스페인의 동부 카탈루냐주가 스페인에서 독립해 나라를 세우려는 운동) 역시 티쿤에 영향을 받았다는 의견이 있습니다.

티쿤은 하나의 사회 운동이나 제도는 아니에요. 머릿속에 맴도는 생각을 행동으로 바꾸는 방법일 뿐이었습니다. '보이지않는위원회'는 이렇게 말합니다.

"우리는 뜻을 함께하는 형제자매들을 만나기 위해서만 글을 쓰기로 했습니다. 우리가 쓴 글은 모든 것이 부서진 뒤 사람들의 만남과 우정, 협동이 어떻게 다시 싹트는지를 알려 줄 겁니다."

티쿤은 여전히 쫓기고 있습니다. 정부와 권력을 위협하기 때문이죠. 티쿤은 지금까지의 제도를 벗어나려는 움직임입니다. 심지어 '티쿤'이라는 개념에서도 벗어나려는 움직임이기도 하죠. 티쿤은 잃을 것이 없는 사람들일 수도 있고 좋지 못한 환경에 맞서 들고일어나는 소외된 사람들일 수도 있습니다.

티쿤은 이름을 숨긴 수상한 단체가 아닙니다. '무엇'도 아니고 '누구'도 아니죠. 세상을 바라보는 시선이자 변화를 행동으로 옮기는 방법일 뿐이니까요.

*GENDARMERIE : 치안대

남편과 자기를 거부해 평화를 얻다
_라이베리아 여성 운동

창문 너머에서 날아든 유리병이 바닥에 나뒹굴었습니다. 병 안에는 메시지가 있었습니다. 라이베리아(아프리카의 서부 대서양 연안에 있는 나라)에서 터진 전쟁을 끝내고 평화를 약속하기 전까지 남성들을 협상 장소에서 절대 나오지 못하게 하겠다는 여성들의 메시지였습니다.

수백 명의 여성들이 모든 출입문에 벽을 세우고 협상 장소인 궁을 빽빽하게 에워쌌습니다. 궁 안에는 라이베리아에서 전쟁을 일으킨 양쪽 세력의 지도부와 사령관들이 있었습니다. 이 전쟁은 20만 명의 목숨을 앗아 갔고 100만 명의 난민을 낳았습니다. 궁에 있던 사람들 중 일부는 창문으로 빠져나가려고도 했습니다. 여성들은 누구도 궁에서 벗어날 수 없도록 창문을 닫고 꽉 붙들었죠. 협상 자리에 있던 사람들은 그렇게 모두 궁에 갇힌 것입니다.

경찰들도 현장을 지켜보았습니다. 궁을 에워싼 사람들을 앞에서 이끈 이는 여성 평화 운동가 리마 보위(Leymah Gbowee)였습니다. 경찰들은 보위를 잡아가고 싶었지만, 도저히 잡을 수 없었습니다. 보위는 재빠르게 행동했거든요. 바로 옷을 한 겹 벗은 그녀는 경찰들이 조금이라도 행동을 멈추게 하면 당장 벌거벗겠다고 협

박했습니다. 경찰들은 보위를 건드렸다가는 여성들 앞에서 부끄러운 꼴을 당하고 험한 말만 들을 수도 있겠다고 생각했어요. 더 이상 손쓰지 못하고 물러섰죠.

보위가 자신의 몸을 무기로 경찰들과 군인들을 막아 낸 일은 처음이 아니었습니다. 보위는 라이베리아에서 벌어진 전쟁에 항의하는 '평화를 위한 라이베리아 여성 운동'을 만든 인물이거든요. 이 운동은 여성 일곱 명이 시작했습니다. 이들은 함께 모여 기도하고 시장에서 시위하거나, 전쟁을 끝내라고 외치는 성명서를 신문사나 방송국에 보내곤 했습니다. 이들의 모임은 아주 빠르게 커졌습니다. 새로운 행동 계획을 발표했을 땐 이미 3000명에 가까운 여성들이 함께하고 있었거든요. 그 새로운 행동이 바로 '안방에서 남편 쫓아내기 운동'이었습니다.

'안방에서 남편 쫓아내기 운동'은 고대 그리스의 희극 작가 아리스토파네스의 《여자의 평화》에서 힌트를 얻어 탄생했습니다. 《여자의 평화》는 아테네 여성들이 남편과 한방에서 자기를 거부한 끝에 전쟁을 멈추었다는 내용을 담고 있습니다. '평화를 위한 라이베리아 여성 운동'도 이 작품을 본보기로 삼았습니다. 그리고 전

*WE WANT PEACE : 평화를 원한다.
*SAY NO TO WAR : 전쟁에 반대한다.

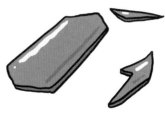

쟁이 계속 이어진다면 언제까지고 남편과 함께 자지 않겠다고 발표했죠. 운동에 함께한 여성들은 전쟁의 양쪽 대표들이 평화를 되찾으려고 대화할 때까지 남편 또는 애인과 어떠한 관계도 갖지 않을 각오였습니다.

이 작전은 효과가 있었습니다. 그 효과는 여성들의 운동이 엉뚱하기 짝이 없는 뉴스로 세계 곳곳에 알려진 덕분이었습니다. 사실 여성들이 노린 점도 이런 효과였습니다. '안방에서 남편 쫓아내기 운동'으로 논란을 만들어 전 세계의 텔레비전과 라디오, 신문을 장식하면 어떻게 될까요? 왜 이 운동을 벌였는지, 무엇을 원하는지 설명할 기회가 많아질 겁니다. 전쟁이 몰고 온 죽음과 난민, 폭력은 물론 어린아이들이 전쟁터에서 싸우거나 노동자들이 광산에서 노예처럼 일하는 현실은 끔찍했습니다. 여성들은 이를 발표한 뒤 지금껏 이루지 못했던 바를 '부부 생활'이란 카드로 얻어 낼 수 있었습니다.

이때부터 여성들은 집회, 행진, 피켓 시위, 시설물 파괴 등 방법을 가리지 않고 쉼 없이 밀어붙였습니다. 독재자인 찰스 테일러(Charles Taylor) 대통령이 큰 행사에 오면 어김없이 들이닥쳐 궁지로 몰아넣기도 했고요. 전쟁을 이끈 사람들을 호텔에서 마주치면 평화 협상에 나서겠다고 약속할 때까지 끈질기게 따라다녔습니다. 여기에 신문과 방송의 관심까지 더해지니, 라이베리아 안팎에서 평화 운동을 펼친 열매가 드디어 맺기 시작했어요. 전쟁을 끝낼 협상이 마침내 가나의 수도 아크라에서 열린 겁니다.

협상을 시작한다고 해서 전쟁이 끝나리라는 보장은 없었어요. '평화를 위한 라이베리아 여성 운동' 측도 이를 잘 알았습니다. 그래서 여성들을 아크라에 보내기 위해 돈을 모았어요. 협상하는 사람들을 계속 밀어붙이려면 그곳에서도 꾸준히 집회를 해야 한다고 생각했거든요. 예상한 대로 협상은 더뎠습니다. 아크라로 날아갔던 보위는 당시 상황을 이렇게 설명했어요.

"평화 협정에 서명하길 원치 않는 사람들도 많았

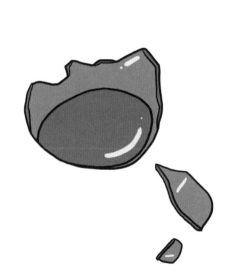

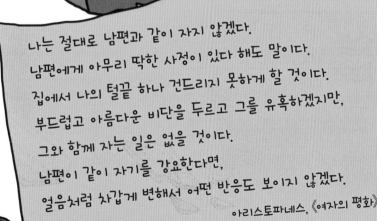

나는 절대로 남편과 같이 자지 않겠다.
남편에게 아무리 딱한 사정이 있다 해도 말이다.
집에서 나의 털끝 하나 건드리지 못하게 할 것이다.
부드럽고 아름다운 비단을 두르고 그를 유혹하겠지만,
그와 함께 자는 일은 없을 것이다.
남편이 같이 자기를 강요한다면,
얼음처럼 차갑게 변해서 어떤 반응도 보이지 않겠다.

아리스토파네스, 《여자의 평화》

습니다. 전쟁으로 날마다 1000달러는 벌 수 있었으니 말이죠."

협상을 시작한 지 며칠 만에 예상치 못한 사건들도 벌어졌습니다. 협상에는 장애물이 하나둘 나타났어요. 라이베리아의 수도를 중심으로 전쟁 세력들이 다시 총을 겨누었고 협상도 멈춰 버렸습니다. 이러한 상황에 진이 빠진 여성들은 협상 장소에서 양쪽 사령관들이 한 발짝도 나오지 못하게 가둬 버리기로 했습니다. 평화 협정에 서명하기 전까지는 누구도 나오지 못하도록 말이죠.

그리고 창문 너머로 이러한 메시지를 병에 담아 던졌습니다. 이런 행동이 영화처럼 보인다고요? 효과는 대단했습니다. 협상 장소 둘러싸기는 '안방에서 남편 쫓아내기 운동'으로 세계에서 관심을 얻은 라이베리아의 평화 운동이 할 수 있는 마지막 행동이었습니다. 사령관들도 여성들의 평화 요구를 더 이상 무시할 수 없었죠. 결국 여성들의 메시지를 받아들여 모두 평화 협정에 서명했습니다. 서명을 마친 서류는 중재자인 가나 대통령에게 넘겼습니다. 그로부터 몇 주가 채 지나지 않아 찰스 테일러 대통령은 대통령 자리에서 물러나 나이지리아로 도망쳤습니다. 유엔평화유지군(전쟁 지역에 보내져 전쟁이 다시 일어나지 않고 평화가 지켜질 수 있게 돕는 군대)도 라이베리아에 들어왔고요.

'평화를 위한 라이베리아 여성 운동'이 없었다면 이러한 결과는 없었을지도 모릅니다. 리마 보위는 전쟁을

> 전쟁이 몰고 온 죽음과 난민, 폭력은 물론 어린아이들이 전쟁터에서 싸우거나 노동자들이 광산에서 노예처럼 일하는 현실은 끔찍했다. 여성들은 이를 발표한 뒤 이루지 못했던 바를 '부부 생활'이란 카드를 꺼내며 얻어 냈다.

멈추겠다는 목표 아래 1년 만에 수많은 여성을 모을 수 있었습니다. 이제껏 이렇게 빨리 많은 사람을 모은 운동은 비슷한 예를 찾아보기 어렵습니다. 특히 남편과 함께 자기를 거부하겠다는 선언은 대담한 운동이 뜻깊은 성과들을 거두는 데 도움을 주었습니다. 라이베리아의 여성들은 전쟁을 끝내고 찰스 테일러 대통령의 독재 정부를 무너트렸습니다. 민주적인 선거가 열려 여성들도 투표에 참여해 정치적 영향력을 보일 수 있게 했고요.

'평화를 위한 라이베리아 여성 운동'은 선거가 끝난 후 해산됐습니다. 처음 계획한 바를 모두 이룬 뒤였으니까요. 모임이나 시위와 같은 단체 운동이 더는 필요 없었던 겁니다. 어쩌면 '평화를 위한 라이베리아 여성 운동'의 성공을 가장 잘 보여 주는 사건은 리마 보위와 라이베리아의 여성 대통령 엘런 존슨 설리프(Ellen Johnson Sirleaf)가 2011년에 노벨평화상을 받은 일일지도 모르겠네요. 두 여성은 전쟁에 마침표를 찍고 전쟁 범죄자들을 심판하는 데 성공했습니다. 두 여성뿐만이 아니라 '평화를 위한 라이베리아 여성 운동'의 끊임없는 활동 덕분에 라이베리아는 안정을 되찾았죠.

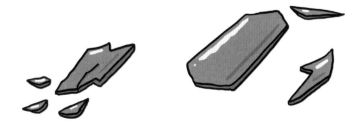

여성들이여, 물을 수호하라
─물을지키기위한여성사파티스타군

멕시코에서 무시무시한 일이 벌어졌습니다. 여기, 팔다리를 땅에 디딘 채 퍼져 있는, 생명에 목마른 존재가 있습니다. 지나가는 길을 모두 메마르게 하고 땅에서 뽑아낸 물을 마시며 살아가는 아주 커다란 그것. 상상 속의 괴물이 아닌 바로 인간이 만들어 낸 괴물입니다. 지금 말하는 괴물은 중남미에서 가장 큰 쿠차말라 상수도 시설을 가리킨답니다.

어마어마하게 큰 상수도 시설이 커다란 수도관을 뻗어 땅을 들쑤시고 서 있는 모습을 한번 보세요. 이러한 비유에 절로 고개가 끄덕여질 겁니다. 필요하다면 자연에서 무엇이든 뽑아 가는 탐욕스러운 낯이 그대로 드러난 상수도 시설의 모습에 공감하면서 말이죠. 인류가 계속 발전하기 위해 흡혈귀처럼 다른 생명체의 피를 빨아먹는 불편한 모습이 선명하게 드러난 시설물은 거의 없을 거예요.

쿠차말라 상수도 시설은 사람들에게 기대와 관심을 받고 있었습니다. 상수도 시설을 또 한 번 공사했을 때만 해도, 멕시코 국민이 자랑스러워하던 기술 발전의 상징이었거든요. 오래도록 기릴 만한 사업이라며 사람들 입에 오르내릴 정도였으니까요. 공사만 끝나면 멕시코의 수도 멕시코시티에서도 가장 잘사는 지역과 근처의 작은 도시들에 물을 공급해 줄 수 있다는 기대가 있

었습니다. 그야말로 멕시코의 자부심이자, 수백만 명에게는 생명의 샘과 같은 존재였죠.

쿠차말라 상수도 시설의 중앙 정수장인 '로스베로스(Los Berros)'는 허허벌판이 아닌 작은 도시 비야데아옌데(Villa de Allende)에 지어졌습니다. 이 도시에는 도시의 유일한 원주민인 마사우아족이 살고 있습니다. 마사우아족은 산속에 있는 샘에서 물을 끌어다가 옥수수와 콩, 귀리와 같은 작물을 키우거나 과일 나무를 심으며 농사를 지었죠. 한마디로 가족이 다 함께 농사를 지으면서 근근이 먹고사는 원주민이었습니다. 그런 그들에게 정수장의 건설은 마른하늘에 날벼락과 같은 소식이었습니다. 어떠한 보상도 받지 못한 채, 조상 대대로 살아오던 삶의 터전을 하루아침에 빼앗기고 말았습니다. 마사우아족은 먹고살 방법이 전혀 없는 낯선 땅으로 멀리 이사해야 했습니다. 수백 년 동안 터 잡았던 땅은 물에 잠겼고 숲에 있던 나무는 모두 베였습니다. 괴물의 다리처럼 수도관을 쭉 뻗은 커다란 정수장을 세우려면 넓고 평평한 곳이 필요했거든요. 정수장에서 물을 깨끗하게 한 뒤 남은 찌꺼기들이 흘러나오자 마시는 물도 더러워졌습니다. 원주민들은 병들거나 목숨을 잃었죠. 이는 마사우아족만의 문제가 아니었습니다. 정수장에서 근처의 물을 지나치게 끌어온 탓에 주변 마

을들은 물이 부족해졌거든요. 당연히 지역은 모두 무너졌습니다. 하나가 영향을 받자 또 다른 하나가 영향을 받고 도미노처럼 차례차례 무너진 것입니다. 하지만 위기에는 언제나 영웅이 등장하는 법이죠.

쿠차말라 상수도 시설이 불러온 위기에서 나타난 영웅은 한 명이 아니었습니다. 그 주인공은 여성들이었어요. 농사를 짓던 원주민 여성들은 물을 길으려고 이전보다 더 먼 길을 걸어야 했습니다. 더러워진 물 때문에 위장병을 앓거나 세균에 감염된 사람들을 돌보는 일도 여성들의 몫이었죠. 여성들은 날마다 가족의 끼니를 마련하기 위해 뛰어다녀야 했고요. 아무도 없는 새벽녘에 깨끗한 물을 길으러 나갈 때마다 나쁜 일을 당하지 않을까 두려움에 떨기도 했습니다.

사실 여성들보다 먼저 남성들이 쿠차말라 상수도 시설을 막으려고 했었습니다. 그들이 아무리 시위와 행진에 나서도 소용이 없었어요. 공들여 준비한 청원 서류를 내밀어 봤자 아무런 답변도 듣지 못했습니다. 시설 관리자들과 협상할 기회를 갖기 위해 일부러 정수장에 들어가

는 염소(물을 깨끗하게 하기 위해 필요한 물질) 공급을 막기도 했죠. 하지만 이는 역효과만 불러왔습니다. 더 이상 땅을 되찾기 위해 싸우지 않겠다고 약속하는 부당한 협정에 서명해야 했거든요.

바로 그때 마사우아족 여성들이 나섰습니다. 여성들은 어떤 협정에도 서명하지 않았고 정부가 하라는 대로 따를 생각도 없었습니다. 60명이 넘는 여성들은 오늘날 '물을지키기위한여성사파티스타군'이라 알려진 단체를 만들어 멕시코시티를 향해 행진했습니다. 나무 소총과 농기구를 손에 들고는 거친 행동을 하겠다고 미리 알렸습니다. 이를테면 쿠차말라 상수도 시설과 이어진 수도 밸브를 부수거나, 수돗물에 독극물을 타는 등의 행동들 말이에요.

여성들이 만든 단체의 이름도 우연이 아니었습니다. 실제로 멕시코 치아파스주에서 일어난 사파티스타 운동과는 아무런 관련이 없었어요. 여성들은 사파티스타민족해방군(EZLN)을 떠오르게 하려고 '사파티스타'라 일컬었습니다. 여성들이 만든 단체는 정식 군대도 아니었고 발표처럼 폭력적으로 행동할 생각도 없었습니다. 모두 신문과 방송의 관심을 끌려는 계획일 뿐이

었거든요. '물을지키기위한여성사파티스타군'의 지휘관 가운데 한 명이었던 난시 가르시아(Nancy García)는 이렇게 말하며 그들의 계획을 연극에 비유했습니다.

"카메라 앞에서 우리는 강한 체했습니다. 우리가 약한 존재라는 사실을 감춘 채 말이죠. 당신이 연기하고 있다고 상상해 보세요. 그때 저는 뛰어난 배우가 된 것 같았습니다."

그 계획은 효과가 있었습니다. 몇 달에 걸친 싸움 끝에 정부 관계자들이 협상에서 여성들의 요구를 일부 받아들였거든요. 마실 물을 주고 주민들이 농사를 짓거나 가축을 기를 수 있도록 가족 농장과 온실을 짓는 데 도움을 주기로 했습니다. 또 물을 모아 둘 수 있는 저수지와 물탱크도 만들겠다고 약속했고요.

'물을지키기위한여성사파티스타군'의 싸움은 여기서 끝나지 않았습니다. 쿠차말라 상수도 시설을 더 크게 할 가능성이 남아 있는 한 주민 사회는 여전히 불안했거든요. 마사우아족 여성들이 계속 싸우려 하자, 또 다른 부당한 현실이 눈앞에 나타났습니다. 그들이 사회에서 약한 여성이라는 현실이었죠. 물을 지키기 위한 운동은 점차 환경 운동과 여성 운동을 더한 모습으

로 바뀌었습니다. 여성들은 경제 활동과 집안일, 사회 운동이라는 세 가지 일을 같이 해치우며 힘겹게 싸웠어요. 이때 많은 충돌이 생기면서 이런 변화가 두드러졌습니다. 그 결과 여성들은 주민 남성들에게 존중을 받기에 이르렀습니다.

'물을지키기위한여성사파티스타군'은 여전히 상징적인 군대일 뿐 진짜 군대가 아닙니다. 그럼에도 그들이 싸움에 쓴 진실한 방법은 효과가 있었습니다. 여성들은 폭력이나 눈에 보이는 위협을 하지 않고도 남성들이 이끄는 사회 운동보다 더 많은 것을 이루어 냈습니다. 여성들이 보인 리더십을 받아들이지 못했던 남성들 앞에서 보란 듯이 성과를 거두었거든요. 여성들은 욕심에 눈이 먼 사회의 괴물을 달래고 잠재우는 데 성공했습니다. 또 원주민 사회의 생존과 생명을 지키기 위해 커다란 힘에 맞섰습니다. 그들이 손에 든 총은 가짜였을지 모릅니다. 그럼에도 그들이 거둔 승리는 진짜였어요.

전 세계에 울린 "전쟁에 반대한다!"
_이라크 전쟁 반대 시위

이라크 전쟁(2003년, 미국을 중심으로 한 연합군이 인류를 위협할 무기를 없애겠다며 이라크를 공격한 전쟁)은 미국이 토마호크 미사일(미국이 개발한 배나 잠수함에서 쏘는 무기)로 이라크의 수도 바그다드를 공격하기 훨씬 전부터 이미 시작됐습니다. 정확히는 UN(세계의 평화를 지키고 나라끼리 경제·사회·문화적으로 돕기 위해 만든 기구) 본부의 벽에 오랫동안 걸린 게르니카 태피스트리를 하늘색 커튼으로 가리라는 누군가의 지시가 내려진 1월의 어느 아침이 시작이었죠.

피카소의 작품 〈게르니카〉는 나치가 스페인 북부의 작은 도시인 게르니카를 공격해 1600여 명이 넘는 시민이 사망한 비극을 담고 있어요. 전쟁 반대를 상징한다는 점에서 세계 평화를 꿈꾸는 UN 본부에 〈게르니카〉 그림을 그대로 짜 넣은 태피스트리를 걸었죠.

그날은 이라크를 왜 공격해야 하는지 세계를 설득하기 위해 보고서를 발표하기로 한 날이었습니다. 그때까지만 해도 UN 본부의 배경은 늘 〈게르니카〉 태피스트리가 장식했죠. 그날 UN에서는 이라크를 공격해야 한다고 발표해야 했기 때문에 〈게르니카〉가 아닌 다른 배경이 필요했습니다. UN 대변인 프레드 에크하드(Fred Eckhard)가 카메라의 불빛에는 하늘색 배경이 알맞다고 둘러댔지만 회의에 참석했던 여러 나라의 외교관들은

알고 있었습니다. 그날 바뀐 본부의 배경이 결코 우연이 아니었음을 말이죠. 어설프게 전쟁 반대의 상징을 가리려던 행동은 정반대의 결과를 낳았습니다. 사람들이 잔인한 전쟁을 고발하는 작품 〈게르니카〉에 더 집중했기 때문이었어요. 〈게르니카〉는 피카소가 자신의 그림을 본떠 태피스트리를 만들어도 좋다고 한 몇 안 되는 작품이었습니다. 미래 세대를 끔찍한 전쟁에서 지키기 위해 1985년 UN에 걸렸죠. 태피스트리의 크기는 가로 약 7미터, 세로 약 3미터에 이르러요. 익명의 외교관은 이렇게 털어놓기도 했습니다.

"〈게르니카〉 속 여성과 아이, 동물이 공포에 질려 소리 지르고 폭격에 신음하는 장면 앞에서 전쟁을 이야기하기는 존 네그로폰테 UN 주재 미국 대사나 콜린 파월 미국 국무장관 모두에게 불편한 일이었을 겁니다. 〈게르니카〉에서 그랬듯 공중 공격으로 전쟁을 시작하려 했으니 오죽했겠습니까?"

그로부터 불과 두 달 만인 2003년 3월 20일 새벽 5시 30분, 바그다드에 폭탄이 마구 떨어졌습니다. 전쟁은 8년이나 이어졌고 목숨을 잃은 사람만 16만 명이 넘는다고 짐작하고 있죠. UN이 〈게르니카〉 태피스트리를 가리는 순간 이미 시작된 전쟁은 굉장히 의도적이었습니다. 과거의 다른 전쟁들과는 달리, 사람들은 이라크

에 군대를 보내기 훨씬 전부터 전쟁을 눈치채고 이를 문제 삼았습니다. 전 세계에서 수백만 명이 당이나 비정부 기구와 별도로 평화 운동을 펼쳐 전쟁 반대를 외쳤죠. 정부 관계자들은 신문과 방송에서 전하는 소식을 막을 수 없었습니다. 가린 〈게르니카〉 태피스트리는 전쟁을 해야 한다고 설득하는 데 실패했다는 증거나 다름없었죠. 전쟁으로 수많은 사람의 목숨을 앗아갈 현실을 하늘색 커튼 하나로 가릴 수 없었던 겁니다.

짧은 시간에 많은 사람을 죽일 수 있는 무기는 미국이 이라크를 공격하기 위해 내세운 핑계였습니다. 조지 부시 미국 대통령은 사담 후세인 대통령이 이끄는 이라크 군대에게 위험한 무기가 있을 것이라고 큰소리쳤습니다. 일부 신문과 방송이 2002년 9월부터 이라크가 위험한 무기를 가졌을 것이라고 떠들면서 부시 정부의 주장을 뒷받침하고 나섰습니다. 전문가들과 강연자들은 무대에 설 때마다 이런 이야기를 전했습니다. 사담 후세인의 궁에서 빈 라덴(9·11 폭발 테러 등을 이끌었다고 알려진 테러리스트)이 배불리 먹고 지내며, 이라크가 몰래 핵무기를 만들고 전투 비행기를 조종해 미국의 도시들을 파괴할 수도 있다고 말입니다.

미국 정부에서 '테러와의 전쟁, 악을 상대로 한 성스러운 전쟁'이라는 말도 나왔습니다. 모두 종교적인 믿음에 가까우면서 정의로운 심판에 나서겠다는 뜻을 담고 있었습니다. 당시는 9·11 테러(2001년 9월 11일, 미국의 세계무역센터와 국방부 건물에서 일어난 항공기 자살 테러)가 일어난 지 1년밖에 되지 않은 때였습니다. 이런 상황 덕분에 미국 정부는 사람들의 두려움과 분노, 복수심을 이용하기 쉬웠죠. 부시 대통령은 이렇게 말했습니다.

"위협이 나타날 때까지 기다리면 너무 늦습니다. 안전을 지킬 유일한 방법은 행동뿐입니다. 우리는 행동할 것입니다!"

이러한 화려한 말솜씨는 생각보다 효과가 없었습니다. 전쟁을 내세우던 미국 부시 대통령, 영국 블레어 총리, 스페인 아스나르 총리의 과장된 말과 행동이 시민 사회에서 반대만 불러왔거든요. 시민들은 이들에 맞서기 위해 하나로 뭉쳤습니다. 시위를 한 번 더 벌이면 텔레비전에서 15초 만에 지나가는 뉴스로 끝날 수도 있었습니다. 여느 때와 달리 이번 시위는 전쟁을 부추기는 정부들과 팽팽하게 맞선 역사적인 사건으로 변했습니다. 전쟁을 해야 한다고 외치던 쪽에서 놓친 사실이 하나 있었기 때문이죠. 바로 '인터넷'이었습니다. 언론의 환경을 완전히 바꾼 인터넷은 라디오와 텔레비전, 신문이 정보를 모두 차지하지 못하게 했습니다. 사람들은 인터넷에서 커다란 집회를 계획하고 모였습니다. 과거에는 볼 수 없던 새로운 움직임이었죠. 물론 전쟁 반대 단체가 미리 해야 할 일들이 많기는 했지만요. 이메일로 내용을 전하면서 평화 운동이 싹텄습니다. 집회 소식을 전하는 홈페이지(unitedforpeace.org)도 생겼습니다. 홈페이지에는 세계 여러 도시에서 열릴 평화 행진 계획과 자세한 정보가 나와 있었습니다. 인터넷 덕분에 예전에는 상상할 수 없던 집회가 열렸습니다. 2003년 2월 15일, 수백만 명이 거리로 쏟아져 나와 24시간 동안 "전쟁에 반대한다."라고 외친 겁니다.

800건 이상의 집회가 시간 차이를 두고 차례로 열렸습니다. 지구를 한 바퀴 도는 어마어마한 시위였죠. 오스트레일리아 멜버른에서 시작해 다시 오스트레일리아 시드니까지 24시간 동안 꼬리에 꼬리를 물고 집회가 열렸습니다. 남극 맥머도과학기지 연구원들이 벌인 시

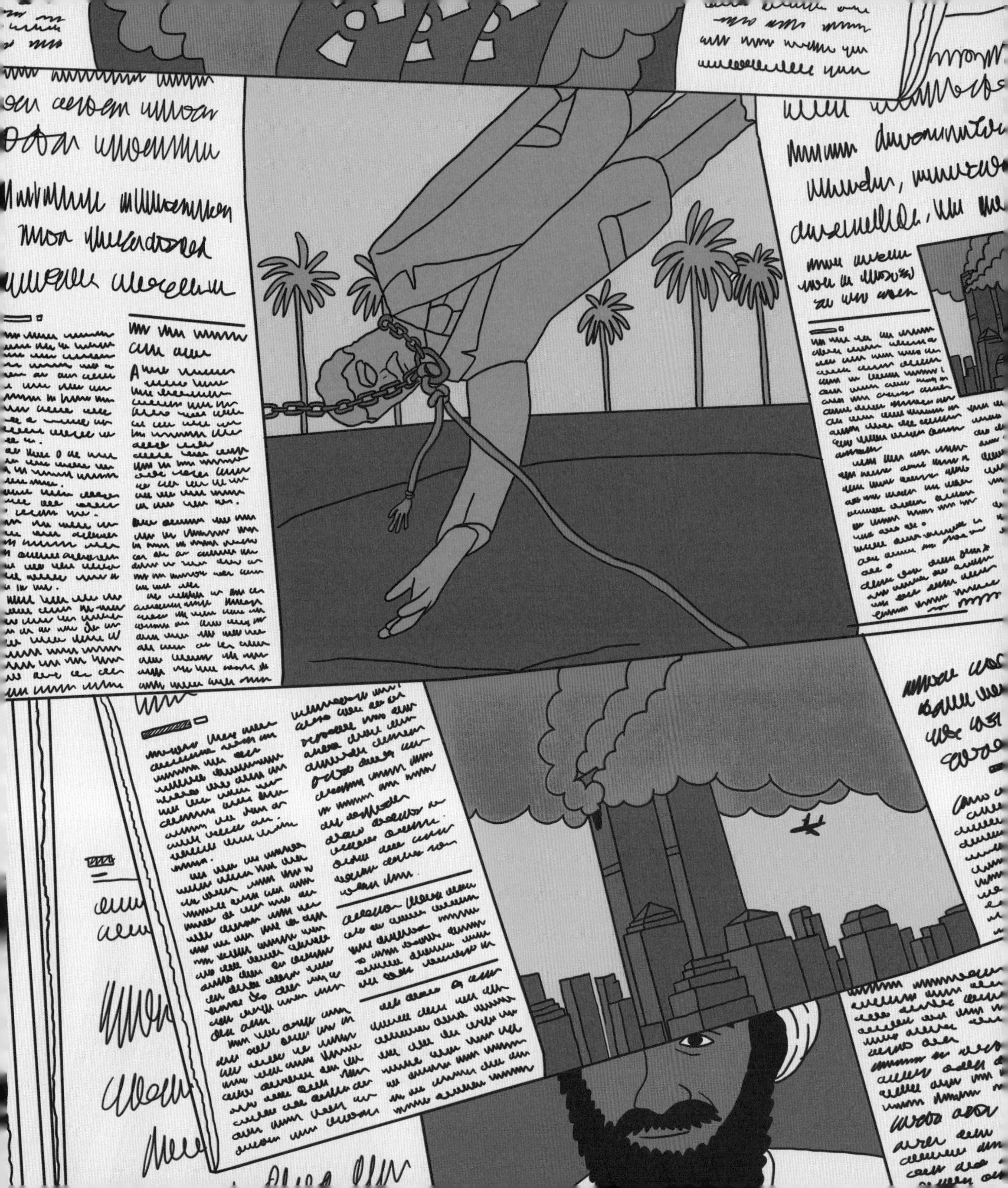

위는 남극 대륙 최초의 시위로 눈길을 끌었습니다. 연구원들이 전쟁에 반대한다는 플래카드를 들고 빙하 위에 선 모습이 전 세계에 전해졌습니다. 마드리드, 런던, 로스앤젤레스, 이스탄불, 로마, 오슬로, 뉴욕 등 대도시에서 열린 집회 사진과 나란히 소개되며 전 세계는 시위의 물결로 가득했죠.

도시마다 집회를 연 단체는 저마다 달랐습니다. 단체 하나가 모든 집회를 계획하고 거기에 드는 돈을 낸 것이 아니었어요. 해당 지역에 있는 단체를 중심으로 시민들이 스스로 운동을 펼쳤죠. 미국 포틀랜드에서는 대학생 연합이, 뉴질랜드에서는 평화 운동 단체가, 슬로베니아 류블랴나에서는 북대서양조약기구(미국과 서유럽 나라들을 중심으로 하는 집단 방위 기구)에 반대하는 청년들의 모임이, 몰타에서는 거리 예술가 단체가, 멕시코시티에서는 1000명 이상의 서명을 담은 선언문 발표자들이, 브라질리아에서는 농민 운동 세력이, 홍콩에서는 그린피스(국제 환경 보호 단체)가, 아일랜드 더블린에서는 시인, 종교인, 음악인, 노조 연합이 집회를 이끌었습니다.

24시간 집회가 열렸던 주말에 거리로 나온 사람은 1000만 명이 넘으리라 짐작됩니다. 평화를 향한 시민들의 열정은 서로의 온기를 타고 번져 나갔습니다. 집회에 함께한 사람들은 스스로에게 세상을 바꿀 힘이 있으며 그 힘이 눈덩이처럼 커지고 있음을 느꼈죠. 시민의 힘으로 전쟁을 끝낼 수 있다고 굳게 믿었던 겁니다. 시민들이 직접 전쟁 반대를 외치고 행동하면서 정부가 더 이상 뉴스를 거짓으로 꾸며 전쟁을 부추길 수 없음을 보여 주었습니다. 미국 정부는 이라크의 기술자들에게 돈을 주고 사담 후세인이 핵무기를 만들었다고 기자들 앞에서 터트리라고 시켰지만 통하지 않았죠.

집회가 열리는 광장마다 "석유 때문에 더 이상 피를 흘릴 수는 없다.", '석유와 맞바꾼 죽음', "식민 지배에 반대한다."와 같은 플래카드가 넘쳐났습니다. 미국이 이라크 전쟁을 벌이는 진짜 이유를 의심하는 내용들이었죠. 사람들은 이라크의 땅에 세계에서 손꼽을 만큼 많은 석유가 묻혀 있다는 사실을 잘 알았습니다. 또 미국 정부가 커다란 석유 회사들과 의심스러운 관계를 맺고 있다는 사실도 알았고요. 많은 석유를 얻을 속셈으로 중동과 중앙아시아에 있는 나라들의 관계를 정리하고자 몇 년째 노력해 왔다는 사실도 말이죠. 심지어 이라크 전쟁이 테러리스트에 맞서는 성스러운 전쟁이라는 포장조차 이라크 전쟁이 경제적인 이익을 얻기 위해 벌어졌다는 점을 숨기지 못했습니다. 전쟁을 벌이는 사람들에게 석유로 벌어들이는 돈이 전쟁으로 죽은 수많은 목숨보다 중요했거든요.

집회에 함께하는 시민들이 이렇게 많았던 적은 이전에도 없었습니다. 몇 년째 여러 단체가 전쟁 반대를 외치며 연결 망을 만들기 위해 노력해 왔었습니다. 집회를 통해 이들 단체는 한자리에 모일 수 있었죠. 그 결과 인권 운동가, 학생, 평화주의자, 환경 운동가, 퇴직자, 여성 운동가 등 다양한 사람이 한데 뭉쳤습니다.

전쟁 반대 운동은 서로 다른 사람들이 마주하는 계기가 되었습니다. 각자의 개성에 따라 자유롭게 뭉쳐 운동하는 새로운 문화를 낳았죠. 이러한 문화는 스페인 15M 운동과 미국의 월가 점령 시위로 이어졌습니다. 사람들을 가로막던 마음의 벽도 무너졌어요. 시민들은 그동안 사회 운동을 깔보던 힘에 맞서 거리에서 목소리를 낼 새로운 방법을 찾아냈습니다.

부시 대통령은 미국 안팎에서 왜 이라크 전쟁을 해야 하는지 사람들을 설득하는 데 실패했다고 인정했습니다. 그러면서도 "미국의 외교 정책을 집회 참가자들이 결정할 수는 없다."라고 했죠. 전 세계 시민들이 그토록 외쳤음에도 전쟁을 막을 수는 없었던 겁니다. 결국 폭탄은 이라크에 떨어졌습니다. 그로부터 몇 년 동안 총소리가 이어졌지만 미국 정부가 말했던 인류를 위협할 무기는 나오지 않았습니다.

시민들은 얄팍한 꾀를 내어 UN에 커튼 하나를 친다고 전쟁의 공포를 가릴 수 없다는 사실을 증명했습니다. 집회마다, 플래카드마다, 골목마다 〈게르니카〉는 살아 있었어요. 전쟁을 멈출 순 없었지만, 텔레비전에서 전쟁 뉴스를 그럴싸하게 포장해 내보내는 일은 막아 냈습니다. 전쟁 반대 집회는 정부의 전쟁 의지를 꺾지 못했어요. 하지만 사회 운동가들의 새로운 시대를 열었고 새로운 시위 방법을 퍼트렸습니다. 전 세계에서 이익만 생각하는 세력에 맞설 때 인류가 함께 외쳐야 할 공동의 가치로 전쟁 반대가 떠올랐죠.

"전쟁에 반대한다."라는 수많은 외침은 새로운 희망과 새로운 인류애의 기초를 놓았습니다. 이라크 전쟁을 멈추지는 못했지만, 다 함께 커다란 한 걸음을 내디딘 사실만은 분명하니까요.

가진 것 없는 자, 탐욕에 맞서다

_주택담보대출피해자연합(PAH)

한 남자가 긴장한 모습으로 모임에 도착했습니다. 무엇을 해야 할지도 모르는 상태로 얼마나 많은 시간을 흘려보냈는지 모릅니다. 그는 이제 한계에 와 있었습니다. 모두 포기하는 방법으로 문제를 해결할까 생각하기도 했습니다. 불행을 끝낼 마지막 순간을 생생하게 떠올리며 위안으로 삼은 것입니다. 모두 내려놓는다면 차라리 편해질 수도 있었습니다. 집 안을 부탄가스 통으로 가득 채우고 경찰이 도착하기 전 스스로 목숨을 끊으면 끝이니까요. 은행이 자기 집을 앗아 가는 꼴을 보느니 차라리 죽는 게 더 낫다고 생각한 겁니다.

처음 법원에서 집을 비우라고 한 때는 9월 초였습니다. 다행히 사는 곳을 옮기기까지 보름 늦추기로 법원과 이야기를 맞추었습니다. 이에 옆집은 비슷한 처지에 있는 사람들의 모임이 있다고 그에게 알려 주었습니다. 서로 도움을 주고받을 수 있는 연결 망을 만들고 있으며, 바르셀로나에 가면 공짜 상담도 해 준다고 귀띔해 주었죠.

그렇게 유이스 마르티(Lluís Martí)는 스페인 동부의 시골 마을 라비스발델페네데스(La Bisbal del Penedès)에서 바르셀로나까지 80킬로미터를 달려갔습니다. 그리고 '주택담보대출피해자연합(PAH)'의 회원이 되었습니다. PAH는 만들어진 지 채 얼마 되지 않은 단체였죠. 유이스가 이 단체에 들어가면서 집과 땅을 앗아 가는 사회의 폭력에 맞서는 방법이 바뀌었습니다.

이혼한 유이스는 아들과 함께 살고 있었습니다. 원래 군인이었던 그는 마을의 정비소에서 오토바이 수리공으로 일하고 있었습니다. 2007년 9월만 해도 정비소 일은 벌이가 괜찮았어요. 사장은 유이스에게 은행에 집을 맡기고 돈을 빌려서 사들인 정비소를 직접 운영하라고 했습니다.

유이스가 정비소 사장이 되고 나서 갑자기 경제 위기가 터졌습니다. 온갖 고지서가 밀려들었고 빌린 돈을 갚기가 점점 어려워졌죠. 은행에 가서 좋은 방법이 없는지 물어보았지만, 돌아오는 답이라곤 빌린 돈을 당장 갚거나 집을 내놓으라는 말뿐이었습니다. 유이스는 어느 쪽도 선택할 수가 없었습니다.

유이스만이 아니었습니다. 수천 명에 달하는 스페인 사람들이 사들인 가격보다 높은 가격에 집과 땅을 팔아 이익을 얻는 투기와 끊임없이 오르는 땅과 건물 가격 때문에 분노로 가득 찬 하루를 보내고 있었습니다. PAH는 피해자들이 인간의 기본 권리인 주거권(인간답게 살아갈 수 있는 최소한의 공간에서 살 권리)을 지키도록 바탕을 마련한 첫 단체였습니다. 이 단체에서 피해자들은 혼자가 아니었습니다. 그들은 욕심 많은 은행과 투기꾼 때문에 빚에 시달리면서 그 불행을 혼자 버틸 수 없어 PAH를 찾았거든요.

피해자들이 한데 모이자, 도움이 필요한 사람들이 서로 손을 내밀며 함께 해결할 방법을 찾아 나갈 길이 생겼습니다. 집에서 쫓겨나 거리로 나앉는 사람들은 한 명, 한 명의 잘못 때문이 아니었어요. 집을 인간의 기본 권리로 보지 않고 상품으로만 여긴 정책 때문이었습니다. 피해자들은 드디어 이를 증명할 수 있었습니다.

몇 년 전, 스페인에서는 시민들이 자기 소유의 집을 갖도록 하는 법이 만들어졌습니다. 이는 도시가 성장하고 사람들이 땅을 가지며 세계 시장에 나라의 경제가 기대면서 점차 빠르게 퍼져 나갔습니다. 주거권을 외치는 사회 운동가들이 1980년대 말부터 바르셀로나에서 알리던 문제도 바로 이것이었죠.

PAH는 어느 날 갑자기 생겨난 단체가 아니었습니다. PAH를 만든 아다 콜라우(Ada Colau), 아드리아 알레마니(Adrià Alemany), 에르네스트 마르코(Ernest Marco), 기엠 도밍고(Guillem Domingo), 루시아 델가도(Lucía Delgado), 루시아 마르티네스(Lucía Martínez) 등 여섯 명은 PAH가

생기기 전부터 시민들이 살 곳을 달라고 외치던 여러 단체에서 저마다 활동하고 있었습니다.

PAH가 처음에 내세운 목표는 집을 은행에 넘기면 빌린 돈을 모두 갚은 것으로 인정해 달라는 것이었습니다. 최소한의 요구였지만, 많은 사람에게 꼭 필요한 내용이었습니다. 스페인 은행들은 돈을 빌린 사람들에게 집을 넘겨받은 뒤에도 엄청난 돈을 더 갚으라고 할 수 있었습니다.

적어도 유이스가 단체에 들어올 때까지 PAH의 활동은 그랬습니다. 유이스는 처음 PAH에 들어왔을 때만 해도 무척 긴장했지만, 시간이 지나면서 달라진 모습을 보였습니다. 전에 없던 목표를 향해 나아가도록 적극적으로 단체를 이끌었거든요. 또 빚을 모두 갚지

못한 사람들을 집에서 내쫓지 못하게 하도록 단체가 움직이는 계기를 만들었습니다.

유이스가 찾아왔을 때 PAH는 먼저 법원에 집에서 나가는 날짜를 더 미루어 달라고 했습니다. 법원은 이를 받아들여 집을 비우는 날짜를 미루어 주었죠. 남은 시간 동안 PAH는 조직을 만들었습니다. 마침내 집을 비울 날짜가 오자 조직원 수십 명이 라비스발델페네데스까지 가서 유이스의 집 앞에 버티고 섰습니다.

"우리에겐 유니폼도, '강제 철거 반대'라고 쓴 팻말도 없었습니다. 강제 철거를 막아 본 경험도 없었고요. 우리가 어떻게 될지, 경찰들이 어떻게 나올지, 무슨 일이 벌어질지 전혀 몰랐습니다."

나중에 아드리아 알레마니가 당시를 기억하며 한 말입니다. 그들은 법이 보장하는 주거권이 쓰인 플래카드와 광고를 들었습니다. 두려웠지만, 주거권 운동의 미래는 공정하지 않은 법을 거부하는 시민의 힘을 얼마나 보여 주느냐에 달려 있다고 믿었습니다.

곧 법원 직원들이 경찰 두 명과 은행 대리인, 자물쇠 수리공을 데리고 유이스의 집에 도착했습니다. 아다 콜라우는 은행이 한 시민의 기본권을 무시하는 일이 벌어지고 있다며 경찰들에게 이렇게 말했습니다.

"여러분은 법이 중요하다고 생각하겠지만, 우리는 이 문에서 떨어질 생각이 없습니다."

법원에서 나온 사람들은 이러한 저항에 부딪히리라고는 생각하지 못했습니다. PAH의 행동에 완전히 넋이 나갔죠. 그때 아드리아 알레마니는 법원이 헌법의 어떤 조항들을 어기고 있는지 "모든 스페인 국민은 쾌적한 주거 환경에서 살 권리를 갖는다. 국가 권력은 이를 위해 필요한 조건을 만들고 국민의 주거권을 보호

하기 위한 규정을 마련해야 한다."라며 큰 목소리로 조항을 읽어 내려갔습니다. 은행 대리인은 어찌할 바를 모르고 강제 철거를 멈췄습니다. 법원의 철거 명령을 행하기까지 한 달을 더 주겠다고도 했죠. 법원 직원들이 돌아갈 때까지 알레마니는 더욱 크게 헌법 조항들을 읊었습니다.

"강제 철거는 스페인 헌법 제33조도 어기는 행동이다."

이것은 시작이었습니다. 유이스는 이후로도 여섯 차례나 더 강제 철거를 막아 내야 했거든요. 그렇게 3년이 지나고서야 판사는 사건을 끝내기로 했습니다. 집을 은행에 넘기되, 유이스를 쫓아내지 않고 계속 집에 머물게 하는 쪽으로 말이죠. PAH가 욕심 많은 세력과의 싸움에서 거둔 첫 승리였습니다.

진짜 싸움은 이제부터였어요. PAH는 은행과 싸워 이길 수 있음을 증명했고 어떻게 싸워야 하는지도 알아냈습니다. 그날 이후 '강제 철거 반대'라고 적힌 팻말은 PAH의 상징이 되었습니다. 집 앞에서 경찰과 법원 직원을 막아서는 행동은 PAH의 대표적인 활동이 되었습니다.

그렇게 PAH는 곳곳에서 작은 성공을 이어 갔습니다. "할 수 있다."는 희망은 계속 활동할 힘을 불어넣었죠. 주거권 운동가들의 활동을 넓히는 데도 이바지했습니다. 강제 철거를 막는 것은 철거 날짜를 미룬다는 뜻이었기에 싸움은 끝나지 않았습니다.

PAH는 더 큰 희망이 필요했습니다. 그들의 활동을 사람들에게 인정받을 필요가 있었죠. 스페인 15M 운동은 PAH의 활동을 널리 알리고 퍼트리는 기회가 되었습니다. PAH는 권력에 맞서는 운동의 모범이 되었습

니다. 또 잘못된 사회 구조에 몸을 던져 맞섰고 도움을 주고받는 새로운 연결 망을 만들었죠. PAH가 마드리드와 바르셀로나에서 밤샘 집회를 한 후 스페인 곳곳에 50여 개의 지부가 생겼습니다. 1년이 지나자 그 수는 200개가 넘었죠.

처음부터 PAH는 여러 목표를 세웠습니다. 활동 기간이나 단체 규모를 여럿으로 나누어 목표를 하나하나 이루기 위해 노력했습니다.

당장 해결해야 할 숙제도 있었습니다. 사람들이 은행과 집주인들에게서 무작정 쫓겨나 길거리로 내몰리지 않도록 돕는 것이었습니다. 이러한 배경에서 'PAH 사회 복지' 운동이 탄생했습니다. 쫓겨난 사람들에게 잘 곳을 마련해 주기 위해 은행이 가진 빈 아파트나 건물에 자리 잡는 운동이었죠. PAH는 이를 통해 불법 점거 운동을 둘러싼 편견을 깨고 싶었습니다. 집을 다시 차지하는 행동이 권리를 지키는 정당한 방법의 하나라는 생각을 심어 주고 싶었거든요.

동시에 사회를 바꾸려는 계획도 이어 갔습니다. 강제로 집을 차지하는 것을 멈추고 나라가 집을 빌려 주는 방법을 내놓았습니다. 담보물(빚을 갚지 못할 때를 대비해 받아 두는 물건. 집이나 증서 등)을 맡기면 빚을 모두 갚은 것으로 해 달라는 내용을 담은 국민입법안(ILP)도 만들어 국회에서 통과시키자는 계획도 세웠습니다. 그때까지만 해도 거의 알려지지 않은 방식이었습니다. 국민입법안이 국회에서 다뤄지려면 일정 이상의 서명을 받아야 했습니다. 그러자면 커다랗고 강한 단체가 필요했습니다. PAH는 모두의 예상을 깨고 140만 개나 되는 서명을 모았습니다. 이는 PAH가 필요했던 것보다 훨씬 많은 숫자였죠. 또 국민입법안에 반대한 정치인과 정부

인사를 끈질기게 따라다니며 항의하기도 했습니다. 신문과 방송을 떠들썩하게 한 끝에 그들이 입장을 바꾸어 찬성하게 하기도 했죠.

PAH는 완벽한 승리를 거둔 것처럼 보였고 실제로도 그러했습니다. 국민입법안을 통과시키기 위해 집회를 이어 가면서 더 많은 사람에게 PAH가 알려졌습니다. 그리고 단체의 활동은 부당한 사회에 맞서는 행위로 인정받기 시작했습니다. 그러나 PAH는 법안을 거두어야 했습니다. 당들이 서로 이야기가 끝난 사항을 하나도 담지 않은 수정 법안을 통과시키려고 했거든요. PAH가 밝힌 바처럼 국회가 통과시키려 했던 법안은 강제 철거로 피해를 입은 사람들과 스페인 사회 전체에 보내는 비웃음이었습니다. 헌법과 수많은 국제 조약에 보장된 쾌적한 주거 환경에서 살 권리는 다시 한번 은행의 이익을 위해 짓눌린 것입니다.

PAH는 여기서 포기하지 않았습니다. 지금도 PAH는 방법을 바꿔 길거리에서 목소리를 높이고 변화를 위한 싸움을 이어 가고 있습니다.

PAH의 활동 범위는 훨씬 넓어졌고 주거권을 외치는 운동가들에게 새로운 방법을 보여 주었습니다. 유이스 마르티의 사연은 PAH가 활동을 펼치는 데 도움이 된 숱한 사연 가운데 하나일 뿐일지도 모릅니다. 그럼에도 PAH의 싸움이 왜 중요한지 이해해야 합니다. PAH는 강제 철거와 불법 점거, 쫓겨나야만 하는 사람들을 둘러싼 편견을 깨 주었거든요. 철거를 막는 행동은 불법이 아니라 주거권이라는 가치를 지키는 기초가 되었죠.

또 하나의 사회 운동을 이끈 이름 없는 해커
_어나니머스

하얀 배경에 얼굴 없는 양복 차림의 남자가 나타났습니다. 곧이어 컴퓨터로 바꾼 목소리가 들리고 있습니다. 딱딱하고 메마른 목소리는 단순했습니다. 말투를 가늠하기 어렵지만, 그가 협박하고 있다는 점은 분명합니다.

아주 쉽게 말하겠다. 당신들은 우리의 정체를 단단히 착각하고 있다. (중략) 우리는 누구도 될 수 있지만 누구도 아니다. (중략) 우리는 혼돈의 얼굴이자 심판의 예언자다.

우리는 비극을 보며 웃는다. 고통받는 사람들을 조롱한다. 다른 사람들의 삶을 망가트린다. 그들의 삶을 망가트리는 이유는 우리가 그렇게 할 수 있기 때문이다. (중략) 우리는 양심의 가책을 받지도 않고 사랑도 도덕성도 모르는 인류의 화신이다.

유튜브에 직접 올린 이 영상은 어쩐지 사람을 기분 나쁘게 하는 내용이었습니다. 이는 미국의 뉴스 채널인 〈폭스뉴스(Fox News)〉를 겨냥해 2007년 7월에 올려졌습니다. 〈폭스뉴스〉가 어나니머스를 '인터넷에서 미움을 만들어 내는 기계'라 이르며 사람들에게 알리고 며칠이 지난 뒤였습니다.

〈폭스뉴스〉는 촬영해 둔 자동차 화재 영상을 틀고 어나니머스를 잔인한 해커 테러 집단처럼 소개했습니다. 죄 없는 시민들의 일상 망가트리기가 목적인 괘씸한 무리처럼 말이죠. 이는 사람들의 관심을 끌기 위해서였습니다. 처음부터 '파괴, 죽음, 공격'과 같은 말들을 큰 자막으로 내보냈고 어나니머스가 축구장에 폭탄을 설치하겠다며 협박한 적도 있다고 뉴스를 내보냈죠.

뉴스가 나가던 때 어나니머스를 아는 사람은 거의 없었습니다. 〈폭스뉴스〉는 어나니머스를 온라인 세상을 부숴 버리거나 혼란을 만드는 존재로 만들어 놨습니다. 이는 보이지 않는 바이러스처럼 사생활에 깊숙이 스며들 수 있다는 식으로 해커들을 묘사한 탓입니다. 덕분에 사회에는 공포와 긴장이 가득했죠.

그들이 나를 지켜보고 있을까? 내 신분증을 가짜로 꾸미지는 않을까? 은행에 넣어 둔 돈은 안전할까? 경제가 무너지진 않을까? 비행기를 떨어트리거나 전기를 끊어 전 세계를 어둠에 빠트리진 않을까?

정체를 알 수 없다는 사실 때문에 이들을 향한 두려움은 점점 커졌습니다. 신문과 방송에서 부풀려진 뉴스를 전할 때마다 어나니머스의 힘도 크게만 보였죠.

어나니머스가 〈폭스뉴스〉를 향해 내놓은 영상은 불안이 사실이라고 확인해 주었습니다. 뉴스가 알린

대로 괴물처럼 사회에 모습을 드러냈거든요. 인터넷의 어두운 그림자에 숨은 채 도덕을 업신여기며 비뚤어진 욕심과 재미를 위해서만 움직이는 군단처럼 말이죠. 하지만 영상에서 말한 내용은 모두 거짓이었습니다. 영상의 진짜 목적은 그저 사람들을 일부러 놀라게 해 반응을 보고 즐기는 것이었습니다. 그들의 유머는 제멋대로였으며 공격적이었습니다. 인터넷이나 채팅에 나오는 우스갯소리를 가볍게 따라 하는 식으로 말이죠.

어나니머스의 실제 활동은 축구장에 테러를 일으키려 했다는 뉴스와 거리가 멀었습니다. 그런 심각한 테러보다는 청소년들이 자주 즐기는 가상 호텔 게임 '하보 호텔(Habbo Hotel)'의 접속을 늘려 사이트를 마비시키는 게 주된 활동이었습니다. 〈하보 호텔〉 사이트에서 아프로 헤어를 한 흑인 남성 캐릭터가 나타나 플레이어들이 수영장에 들어가지 못하게 커다란 십자 모양 갈고리로 길을 막았습니다. 그리고 '에이즈 때문에 수리 중'이라고 말하는 화면이 나타났죠. 미국의 한 수영장에서 에이즈에 걸린 두 살짜리 아이가 쫓겨난 사건에 항의하는 뜻을 담은 공격이었습니다.

〈폭스뉴스〉에 남긴 영상도 엉뚱했습니다. 해당 영상은 방송사 관계자들과 어나니머스를 어둠의 존재로 여기는 시청자들을 비웃고 있었습니다. 어나니머스는 잘 만들어진 단체가 아니었습니다. 계획이나 정치적 목표도 없이 이름을 숨긴 채 인터넷에서 표현의 자유를 내세우며 유머를 퍼트리는 집단이었죠.

그러다 갑작스럽게 행동이 바뀌었습니다. 어나니머스의 어떤 해커들이 정치적인 배경에서 여러 공격을 퍼부었거든요. 그중 히나기 사이언톨로지교(과학 기술이 인류가 마주한 문제를 해결할 수 있다고 믿는 종교)를 인터넷에

서 쫓아내겠다며 공격한 사건을 들 수 있습니다. 공격 이유는 단순했어요. 할리우드 스타 톰 크루즈가 독실한 사이언톨로지교 신자라는 인터뷰 영상을 사이언톨로지교가 없애려 했다는 것이었습니다. 사이언톨로지교는 이 영상을 지우라며 영상이 올라간 유튜브를 고소했어요.

어나니머스라고 주장하는 많은 해커는 사이언톨로지교가 자유로운 인터넷을 검열하고 있다며 분노했습니다. 영상을 놓고 논란이 생긴 뒤 며칠 지나지 않아 어나니머스는 〈폭스뉴스〉에게 했던 것처럼 선전 포고를 날렸습니다. 이번에는 단순한 재미 때문이 아니었어요. 그들은 진지했거든요. 구름 낀 하늘을 배경으로 딱딱하고 영혼 없는 목소리가 이렇게 경고했습니다.

"어나니머스는 사이언톨로지교를 파괴하기로 했다. 신자들의 행복을 위해, 인류의 행복을 위해, 우리의 재미를 위해 내린 결정이다. 이제 당신들을 인터넷에서 쫓아내고 무너트릴 것이다. 당신들은 우리의 적이다. 우리의 싸움이 금방 끝날 것이라 기대하지 마라."

공격은 다양하게 퍼부어졌습니다. 어나니머스는

사이언톨로지교 본부에 피자를 배달시키거나 홈페이지를 마비시켰습니다. 장난 전화를 하거나 야한 사진을 팩스로 보내고 사이언톨로지교 지도자들의 개인 정보를 낱낱이 공개하기도 했습니다. 그들의 공격은 여론의 뜨거운 지지를 받았습니다. 사람들은 사이언톨로지교가 자유로운 사회에 해를 끼쳤다며 거리 집회에 나섰습니다. 2008년 2월, 하루에만 전 세계의 120개 도시에서 무려 7000명 이상의 시민들이 어나니머스를 지지하며 시위를 벌였죠. 이후로도 몇 달 동안 집회가 열렸습니다. 이때 집회 참가자들이 '가이 포크스(Guy Fawkes)' 가면을 쓰고 나타났습니다. 경찰 측에 신분을 들키지 않기 위해 쓴 것이었어요.

가톨릭 탄압에 반대해 영국의 국회의사당을 폭파하려다 붙잡힌 가이 포크스는 권력에 대한 저항을 상징합니다. 영화 〈브이 포 벤데타〉에서도 나온 가이 포크스 가면은 어나니머스의 상징으로 자리 잡았습니다. 가이 포크스 가면은 어나니머스의 단결과 익명성(누구인지 드러나지 않는 특징)을 나타내면서 부당한 권력에 맞서겠다는 의지를 보이는 상징이 되었죠.

어나니머스는 정치적·사회적 메시지를 사람들에게 전달하기 위해 해킹으로 거침없이 활동했습니다. 모든 어나니머스가 그렇지는 않았지만, 가진 지식과 능력으로 더 나은 세상을 만들겠다는 믿음으로 활동하기도 했습니다. 그들이 새롭게 내건 슬로건은 "지식은 자유로워야 한다. 우리는 어나니머스다. 우리는 군단이다. 우리는 용서하지 않는다. 우리는 잊지 않는다. 기대하라."였습니다. 정치 선언을 발표한 적도, 어떤 사상을 밝힌 적도 없지만, 세계 곳곳에 있는 부당함에 맞서고 사회 운동을 돕겠다는 의지가 드러나기도 했습니다.

어나니머스는 삽시간에 세계적인 운동으로 떠올랐습니다. 조금씩 조직적으로 성장했고 많은 나라로 퍼져 나갔습니다. 그들은 지금까지도 여러 사회 운동과는 다른 방법으로 활동하고 있습니다.

이들은 온라인에서 활동 계획을 짜고 누구의 지시도 없이 홀로 움직인다는 특징이 있습니다. 이름이나 정체를 숨기는 것은 어나니머스를 설명하는 작은 부분일 뿐입니다. 그들은 디지털 세상에 걸맞은 새 운동을 만들어 냈고 다른 사회 운동에도 영향을 미쳤습니다. 튀니지 혁명(2010년 튀니지에서 일어난 민주화 혁명), 스페인 15M 운동, 미국 월가 점령 시위가 그 대표적인 예입니다.

어나니머스는 유머를 담은 공격으로 사람들에게 강한 인상을 남기길 고집합니다. 인터넷 공간에서 비웃음을 담아 공격하고 반사회적 반응을 일으키는 행동 '트롤링(Trolling)'을 잘 보여 주죠. 물론 훨씬 더 진지하게 정치적 공격을 하기도 하고요. 어나니머스는 줄리안 어산지(정부나 기업의 올바르지 못한 행위를 고발하는 사이트 위키리크스의 설립자)를 보호하기 위해 미국과 영국 정부에 맞섰습니다.

아마존, 마스터카드, 비자카드, 페이팔과 같은 거대 기업을 공격하기도 했죠. 이슬람 무장 단체 IS의 SNS 계정을 없애 버리기도 했습니다. 또한 스페인의 사회노동당, 카탈루냐통합당이나 아일랜드의 통일아일랜드당 등을 공격하기도 했고 중요한 비밀 정보를 빼내 스웨덴 검찰을 곤경에 빠트리거나, 에콰도르 정부를 위협하기도 했습니다.

각 정부와 세계에 있는 단체들은 어나니머스의 활동을 경계했습니다. 그리고 몇 년 전부터 사이버 공격에 함께했다고 짐작되는 해커들을 잡아들여 감옥에 보내기도 했습니다. 그들은 대부분 나이가 어린 해커들이었어요. 정부는 유튜브와 페이스북, 트위터 등과 함께 어나니머스가 올린 영상을 지웠습니다. 자신을 어나니머스라고 소개하는 프로필이 있는 계정도 없애 버렸죠. 어나니머스를 향한 크고 넓은 정부의 공격이었습니다.

어나니머스는 눈에 보이는 단체를 바탕으로 활동하지 않기 때문에 경찰도 뿌리를 뽑기 어려울지도 모르겠습니다. 자신을 어나니머스라고 소개한 한 해커는 이렇게 인터뷰하기도 했습니다.

"어나니머스는 존재하지 않는 단체입니다. 단체이기도 하고 단체가 아니기도 하죠. 어나니머스는 누구도 아니면서 누구도 될 수 있습니다. 흩어져 있는 점들과 같아서 서로 얼마나 떨어져 있든 상관없습니다. 해커들은 '어나니머스'라는 이름표를 나눌 뿐 모두 저마다 활동하고 있습니다."

어나니머스는 공격 대상이 정해질 때마다 모이고 흩어지기를 반복합니다. 앞장서 이끄는 사람도 계급도 없으니, 흩어질 단체도 없죠.

누구도 아니면서 누구나 될 수 있다는 점 때문에, 사회 운동에 따라 그때그때 활동하는 어나니머스들이 바뀝니다. 이 덕분에 그들만의 독특한 싸움이 가능한 겁니다.

그들의 상징인 가이 포크스 가면은 강하고도 유령 같은 새로운 반란의 상징이 되었습니다. 앞으로 어나니머스는 집단의 디지털 저항으로 기억될 테죠.

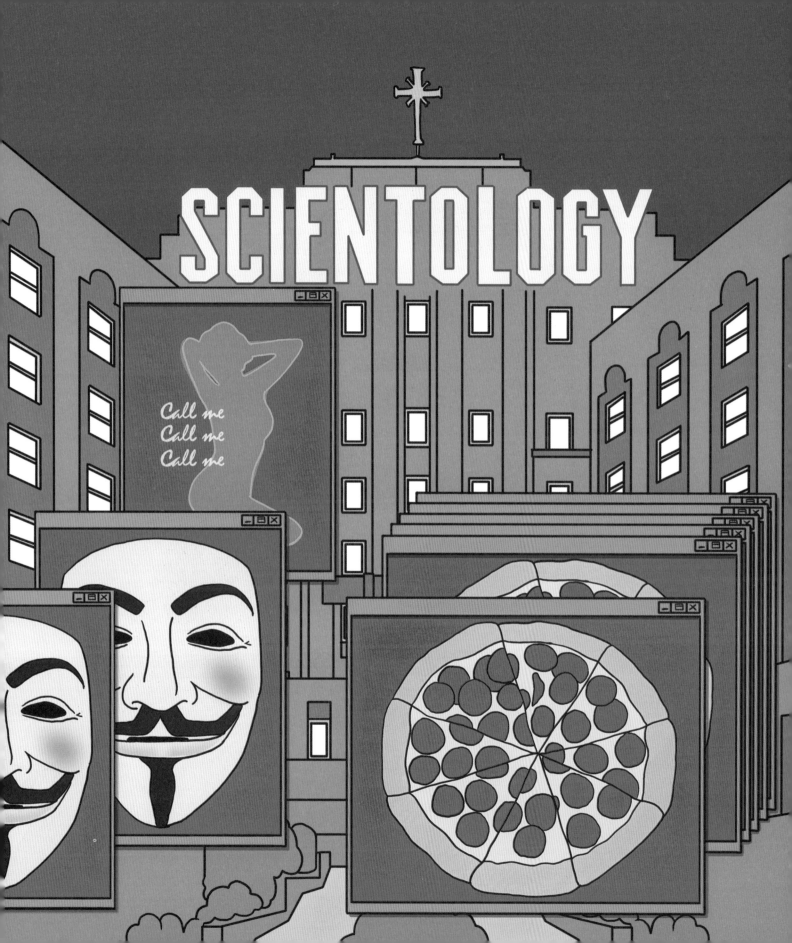

비밀을 지키던 침묵을 깨부수다
_부당한 침묵에 맞선 여성들

쌀쌀한 기운이 도는 흐린 날씨의 아침이었습니다. 10월 말 이탈리아 밀라노에는 가을색이 뚜렷했습니다. 셈피오네공원에는 울긋불긋한 단풍잎이 하나둘씩 떨어지고 있었습니다. 공원에서 불과 몇 미터 떨어진 곳에는 수천 명이 침묵한 채 모여 있었죠. 그 앞에는 레아 가로팔로(Lea Garofalo)의 관이 놓여 있었고요.

관은 꽃으로 둘러싸인 채 광장의 한가운데에 있었습니다. 옆에는 "보다, 듣다, 말하다."라는 간단한 글귀의 포스터가 보면대에 놓여 있었습니다. 하나가 아니었습니다. 광장을 가득 메운 사람들 역시 같은 글귀를 담은 팻말을 들고 있었습니다. 빨간색, 주황색, 노란색, 분홍색 등 색깔은 다양했지만 내용은 모두 하나였습니다. 레아의 모습이 그려진 플래카드나 깃발도 곳곳에 걸려 있었습니다. 그녀의 얼굴은 마피아와의 전쟁을 상징했어요. 2009년에 레아가 살해당하자 많은 여성이 목소리를 높여 외치기로 했습니다. 어떤 일이 있어도 조직의 비밀을 지킨다는 침묵의 규칙, 오메르타를 깨기 위해서. 그리고 이탈리아 최강의 마피아 조직인 은드랑게타(Ndrangheta)와 맞서기 위해서 말입니다.

주세피나 페쉐(Giuseppina Pesce), 마리아 콘체타 카치올라(Maria Concetta Cacciola), 주세피나 물타리(Giuseppina Multari), 로사 페라로(Rosa Ferraro), 레아의 딸인 데니스 가로팔로(Denise Garofalo). 어떻게든 운동 단체를 만든 이들은 그날 아침 밀라노에서도 함께했습니다.

은드랑게타에 맞섰던 여성들은 레아처럼 가족의 손에 잔인하게 죽었습니다. 간신히 도망쳐 나온 어떤 이들은 증언한 뒤 경찰들에게 보호를 받으며 숨어 지냈습니다. 그런가 하면 은드랑게타의 복수가 두려워 어쩌지 못하는 이들도 있었죠. 그러나 이들도 다른 여성들을 보고 차츰 힘을 내기 시작했습니다. 밀라노에서 집회가 열린 날 아침에도 여성 조직원 한 명이 근처 경찰서로 뛰어 들어가 신고하는 일이 있었습니다. 말문을 뗀 그녀는 "레아가 나에게 용기 내는 법을 알려 줬다."라고 거듭 강조했습니다.

레아 가로팔로의 죽음과 같은 잔인한 사건은 드문 일이 아니었습니다. 은드랑게타의 규칙에 배신자를 없애는 일은 가족의 몫이었습니다. 그래야만 가문의 부끄러움을 씻을 수 있다고 믿었거든요. 그들에게는 피와 힘만이 가문의 명예를 지키는 규칙이었습니다. 적어도 은드랑게타의 우두머리들은 이 규칙이 15세기부터 이어져 왔다고 합니다. 은드랑게타는 대체 언제부터 있었을까요? 레아가 자기 남편과 동생, 아버지를 고발할 때까지 왜 아무도 입을 열지 않았을까요?

은드랑게타는 세계에서 강한 마피아 조직 가운데

하나입니다. 이탈리아의 칼라브리아에 있는 141개 가문이 50개가 넘는 나라의 마피아 조직원들을 거느리며 해마다 1000억 달러(약 113조 3100억 원) 이상을 벌어들이고 있죠. 정치인들에게 뇌물을 주고 이익을 얻으며 마약과 무기를 사고팔거나 사업을 벌이기도 합니다. 낭만을 중시하는 코사노스트라(Cosa Nostra)나 허세 부리기 좋아하는 카모라(Camorra)와 같은 다른 마피아 조직보다 '현대적이고 유연한 마피아'라는 특징이 있습니다. 은드랑게타는 이 나라에서 저 나라로 사업을 옮기기도 하고 자유로운 세계화를 이용해 금융 기관에서 돈이 될 만한 사업을 지원받기도 합니다.

사업 방식은 시대를 앞서지만, 조직은 '땅, 가문, 침묵'이라는 세 개의 오랜 전통에 여전히 기대고 있습니다. 은드랑게타는 19세기 말 이탈리아의 남부에서 가장 가난한 지역으로 꼽히는 칼라브리아의 산속 시골 마을에서 탄생했습니다. 은드랑게타라는 이름은 '명예롭고 용기 있는 남성들의 사회'를 뜻하는 그리스어 '안드라가시아(Andragathía)'에서 따왔죠. 조직이 내세우는 비밀스러움을 두드러지게 하기 위해서입니다. 은드랑게타가 된다는 것은 곧 비밀을 지킨다는 것과 마찬가지였습니다.

은드랑게타의 우두머리들은 자신의 성공을 드러내지 않았습니다. 백만장자면서도 사치하지 않았고 조용한 분위기로 지냈거든요. 낡은 오토바이를 타고 오렌지 밭을 누비는가 하면, 다른 농부들처럼 땅을 일구기도 했습니다.

> **사업 방식은 시대를 앞서지만, '은드랑게타'라는 조직은 '땅, 가문, 침묵'이라는 세 개의 오랜 전통에 여전히 기대고 있었다.**

칼라브리아는 은드랑게타 때문에 아무런 산업도 없는 농촌 지역으로 남아 있었습니다. 은드랑게타가 땅을 차지하면서 농업 지원금을 타내 이익을 얻었거든요. 그들은 '은드랑게타 제국'에 도움이 되는 시설에만 신경을 썼습니다. 이탈리아의 다른 마피아 조직들이 상하 계급으로 운영된 데 반해, 은드랑게타는 칼라브리아에 사는 141개 가문이 공평하게 조직을 이끌었습니다. 약 200년 전부터 이러한 지위를 누리던 이 가문들은 각각 권력을 고르게 나누어 가진 채 움직였습니다. 이들 가문을 이끄는 지도자 카포크리미네(Capo Crimine)는 해마다 바뀌었죠.

다만 각 가문 안에서는 위아래 질서가 철저하게 지켜지고 있었습니다. 충성은 가문의 가장 거룩한 규칙이었고요. 권력의 가장 밑에는 말없이 따르기만 하는 여성들이 있었습니다. 성인부터 아이에 이르기까지 남성들만 가문의 권력을 독차지했죠. 여성들은 뒤로 물러나 집안을 보살폈습니다. 남편이나 아버지가 같이 움직이지 않으면 여성들은 집 밖에 나올 수조차 없었습니다.

이런 뿌리 깊은 남성 중심의 풍습은 은드랑게타만의 종교적 의식에도 스며 있었습니다. 그들은 태어난 남자 아기를 침대에 눕히고 왼손 옆에는 열쇠를, 오른손 옆에는 칼을 놓았습니다. 각각 나라와 마피아를 상징하는 물건이었죠. 엄마의 역할은 아기가 칼을 움켜쥐고 피를 흘릴 때까지 아기의 손을 잡고 당기는 것이었습니다. 남성들은 그렇게 폭력과 충성의 운명을 몸에 새겼습니다.

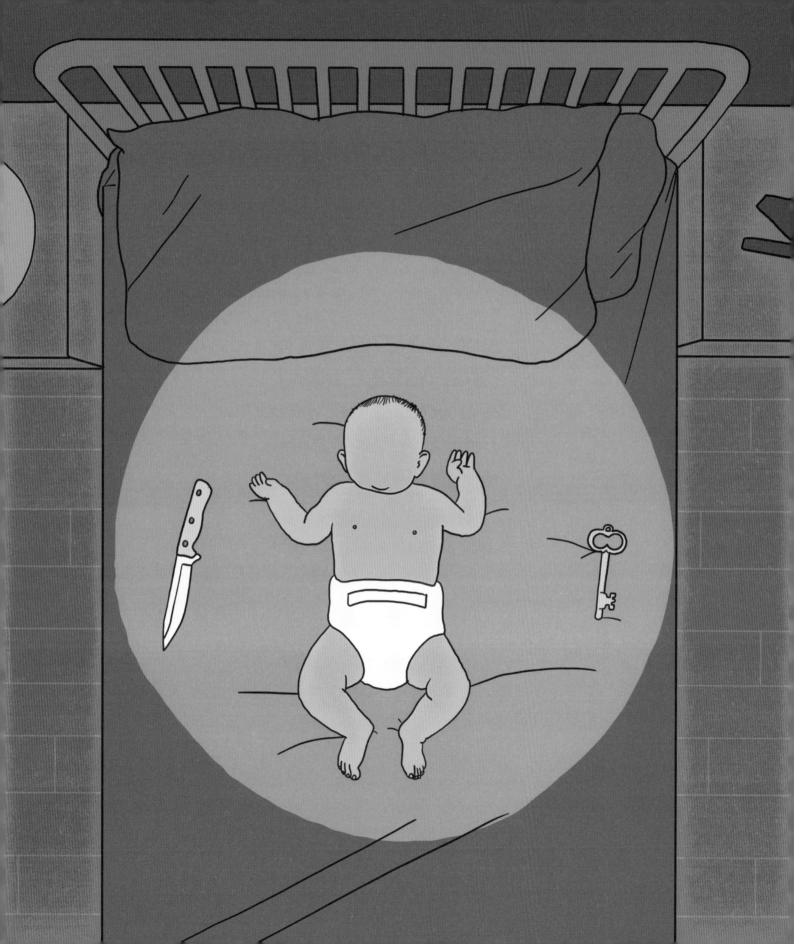

은드랑게타는 남성은 모든 것에서 뛰어나다는 사실을 몸과 마음에 새기는 미신도 모자라, 여성들에게 남성의 돌봄 역할까지 맡겼습니다. 먼저 열한 살이나 열두 살 소녀와 남자 아기를 짝지어 집안끼리 동맹을 맺습니다. 그리고 어린 소녀가 어머니처럼 아기를 돌보았죠. 아내와 딸, 누나, 여동생에게 쓰는 폭력은 은드랑게타에서 일상이었습니다. 여성들은 집안과 관련 없는 남성과 한 번이라도 접촉하면 죽어야 했어요.

"가문을 배신하거나 명예를 더럽히는 여성은 죽음으로 죄를 갚아야 합니다."

남편에게서 도망쳐 나와 침묵의 규칙 오메르타를 깨고 조사에 답한 여성들 가운데 하나인 주세피나 페쉐의 이야기입니다.

"남편에게 내 생각을 말하면 반항했다면서 나를 고문했습니다."

은드랑게타에는 여성 혐오가 뿌리 깊게 자리 잡고 있었습니다. 그들이 여성을 겁주기 위해 사용한 고문 방법은 이슬람 테러 단체 보코하람과 IS, 탈레반의 고문에 견줄 정도였습니다. 그들이 명예를 지키기 위해 강요한 규칙은 너무도 오래 지켜졌습니다. 이탈리아 검찰은 그 과정에서 벌어진 사건을 잔인한 노예 범죄라고 결론 내렸습니다.

레아 가로팔로의 사건에서 드러났듯, 여성들은 남편과 형제, 이들의 생각보다 훨씬 많은 것을 보았고 또 알고 있었습니다. 경찰서를 찾아간 레아는 알고 있는

사실 모두를 털어놓아 감춰진 은드랑게타의 흔적을 들추는 데 성공했습니다. 레아는 어린 시절부터 은드랑게타에서 도망치고 싶었지만 그러지 못했습니다. 하지만 딸 데니스가 태어났을 때 더 이상 물러날 수 없다고 생각했습니다. 딸까지 비참한 삶을 살도록 내버려둘 수 없었기 때문이죠. 레아의 삶은 두려움과 폭력으로 얼룩진 고통 그 자체였습니다. 자기 인생은 모두 포기했지만 딸을 위해서는 자신을 희생할 수 있었습니다. 딸과 은드랑게타의 많은 여성에게 더 나은 미래를 선물할 마음의 준비가 되어 있었던 겁니다.

이후 은드랑게타에 갇힌 다른 여성들이 용기 내지 않았다면, 레아의 희생은 헛된 일이 될 수도 있었습니다. 레아의 폭로는 여러 해 동안 싹튼 반란의 계기가 되었습니다. 여성 혐오와 억압을 거부하고 옳지 못한 남성 중심의 풍습에 맞선 반란으로 말이죠. 이는 은드랑게타에 있던 여성뿐만 아니라 세계 곳곳에서 차별받아 신음하는 여성들을 대표하는 반란이었습니다.

오메르타를 깨고 은드랑게타에 맞서는 여성들은 더 늘어났습니다. 모르는 사이였지만 이들은 서로 '동지'라고 부르기 시작했습니다. 같은 운동을 펼치는 동지임을 서로 알아보았기 때문이죠. 운동은 곧 시민 사회 전체로 퍼져 나가 마피아에 반대한다는 외침이 되었습니다. 그 외침은 어느 때보다도 강하고 또렷하게 거리에 울려 퍼졌습니다.

> 오메르타를 깨고 은드랑게타에 맞서는 여성들은 더 늘어났다. 모르는 사이였지만 서로 '동지'라고 불렀다. 같은 운동을 펼치는 동지임을 알아보았기 때문이다. 마피아에 반대한다는 외침은 어느 때보다도 강하고 또렷하게 거리에 울려 퍼졌다.

"많은 분이 저처럼 들고일어날 용기를 찾기 바랍니다."

주세피나 페쉐의 말입니다. 그녀가 고백한 내용은 무려 1500쪽이 넘었습니다. 법원에서는 그녀의 고백이 증언으로 가치가 있다고 인정했습니다. 주세피나 페쉐 덕분에 경찰들의 은드랑게타 소탕 작전은 성공을 거두었습니다. 모두 10억 달러(1조 1145억 원) 이상의 재산을 압수했고 카포크리미네를 포함해 300명 이상의 조직원을 잡아들였습니다.

많은 여성이 레아와 주세피나를 뒤따랐습니다. 그 가운데 마리아 콘체타 카치올라는 "주세피나 동지의 길을 따르겠다."라는 쪽지를 남기고 도망쳐 나왔습니다. 그리고 은드랑게타의 범죄를 알렸죠. 로사 페라로는 페쉐 가문을 고발하기 위해 스위스 제네바에서 이탈리아까지 왔습니다. 레아의 딸 데니스 가로팔로는 아버지와 애인의 죄를 증언하기 위해 납치범들에게서 도망쳤습니다. 여성들의 용기는 신문사와 방송사로도 전해졌습니다. 여성들의 증언이 늘어나자, 기자들도 은드랑게타에 대한 두려움을 버리고 그들의 뉴스를 전했습니다. 칼라브리아의 지역 신문인 〈일코티디아노델라칼라브리아〉는 1면에 이런 글을 실었습니다.

"그녀들은 큰 대가를 치렀습니다. 우리가 그녀들을 잊는다면 그 대가는 더 커질 것입니다. 칼라브리아 주민 여러분, 등을 돌리지 맙시다."

글에서는 증언에 나선 여성들과 뜻을 함께하기 위해 집회에 함께하자고 외치고 있었습니다. 그날은 마침

'세계 여성의 날'이어서 은드랑게타에게 심판을 내리기에 안성맞춤이었습니다. 수만 명이 팻말과 티셔츠, 깃발을 들고 거리로 나왔습니다. 마피아에 반대하는 행진이 이루어지는 동안 각종 토론회와 세미나, 전시회도 열렸죠. 은드랑게타는 더 이상 칼라브리아의 비밀스러운 조직이 아니었습니다. 텔레비전에서 집중적으로 뉴스를 내보낼 정도였으니 말이에요.

그로부터 1년 반이 흐른 후, 밀라노에서 다시 한번 큰 집회가 열렸습니다. 레아의 관 앞에 나타난 사람들은 단순히 추모를 위해 모이지 않았습니다. 그날은 레아의 살인범과 가로팔로 가문 전체에 법원의 판결이 내려지는 날이었거든요. 열다섯 명이 넘는 여성들이 가로팔로 가문을 두고 증언했습니다. 판사는 여성이었습니다. 검사도 여성이었죠. 다행히 가장 무거운 형벌이 내려졌습니다. 관련된 모든 조직원에게 무기 징역이 내려진 것입니다.

〈일코티디아노델라칼라브리아〉는 '변화를 외친 여성들과 함께'라는 제목의 기사를 내놓았습니다. 이 제목은 마피아 반대 운동의 슬로건이 되었습니다. 레아의 관을 앞세운 행진과 함께 열린 밀라노 집회는 '끝'이 아니라 '시작'을 뜻했어요. 한순간도 멈추지 않았던 싸움의 시작을 말이죠. 여성들이 은드랑게타를 향해 날린 공격은 더할 나위 없이 강했습니다. 하지만 마지막 공격은 아직 이루어지지 않았어요. 싸움은 여전히 이어지고 있습니다. 아직도 많은 여성이 침묵에 감춰진 부당함을 무너트리길 소망하고 있죠.

그들은 우리를 대표하지 않는다
_스페인 15M 운동

"우리 모두 분노해야 합니다. 야외 밤샘 집회에 함께한 사람들뿐 아니라 국민 모두가 말입니다."

2011년 6월, 이 말을 한 사람은 평범한 사람이 아니었습니다. 당시 스페인에서 가장 돈 많은 여성이었던 로살리아 메라(Rosalía Mera)였거든요.

세계적인 의류 업체 인디텍스(이 회사에는 자라, 마시모두띠 등의 브랜드가 있다)의 공동 창업자로 그해 67세였던 메라는 "여기에서 혁명이 시작된다."라고 외쳤습니다. 그리고 광장을 가득 메운 수천 명에게 지지를 보냈죠. 스페인의 갈리시아 지방 출신이었던 메라는 고향인 갈리시아 시민들과 함께 거리에 서고 싶었다고 했습니다. 그녀는 2008년 스페인에 경제 위기를 불러온 썩어 빠진 정치·사회·경제계에

> **시위자들은 정치인들에게 항의했다. 모든 당이 지출을 줄이는 정책에 찬성하는 바람에 많은 시민이 불안해진 경제 상황을 느끼고 있었다.**

질려 있었습니다. 자신이 누구인지 솔직히 밝히고 집회 참가자들과 이야기하는 메라에게서 진심을 의심하기란 어려웠죠.

어떻게 이런 일이 가능했을까요? 스페인에서 손꼽는 부자인 그녀가 경찰과 법, 의회 등을 위협하는 시위를 지지하기까지 도대체 무슨 일이 있었을까요?

모든 것은 한 달 전에 시작됐습니다. 시민들이 사회에 가진 불만과 싫증 외에는 별다른 이유도 없이 말이죠. "이제 진짜 민주주의를! 우리는 정부와 은행의 손에 들린 상품이 아니다."를 슬로건으로 내건 집회가 마드리드에서 열렸습니다. 일부 참가자들은 푸에르타델솔(마드리드 중심에 있는 광장)에서 밤새 시위를 이어 가기로 했습니다. 시위자들은 정치인들에게 항의했습니다. 경제가 나빠지면서 모든 당이 지출을 줄이는 정책에 찬성하는 바람에 많은 시민이 불안해진 경제 상황을 느끼고 있었습니다.

당시 스페인의 경제 상황은 끔찍했습니다. 많은 사

람이 직장을 잃었고 사회 복지가 눈에 띄게 줄었습니다. 노동 환경이 나빠진 데다가 월급도 줄어들었거든요. 사람들은 문제를 해결하지 않고 시민들에게 책임을 떠넘기는 정치인들에게 분노했습니다.

국민의 손에 진정한 주권이 있음을 정치인들에게 일깨울 방법은 거리와 광장에서 외치는 일뿐이었습니다. 그날 푸에르타델솔에서 집회를 하겠다고 나선 사람은 얼마 되지 않았습니다. 경찰들이 새벽에 와서 그들을 몰아내지 않았다면, 그 집회는 특별하지 않았을지도 모릅니다. 어쩌면 누구도 기억하지 못하는 일이었을 수도 있어요. 경찰들의 행동은 예상치 못한 결과를 가져왔습니다. 바로 '스페인 15M 운동(스페인어로 5월 15일을 '15 de Mayo'라 쓰던 것에서 붙은 이름)'의 탄생으로 말이죠. 집회 참가자들을 억지로 쫓아내려던 경찰들의 행동은 수천 명을 광장으로 불러 모았습니다. 시민들은 광장을 차지하기 위해 힘을 하나로 모았고요.

시위는 이미 SNS에서 천천히 싹트고 있었습니다. 분노가 터진 사람들은 인터넷에서 하나로 뭉쳤어요. 푸에르타델솔에서 생긴 경찰들과의 첫 충돌은 사람들의 행동에 불을 지폈습니다. 이후 푸에르타델솔 집회

는 스페인의 정치와 당을 바꾼 15M 운동의 상징이 되었습니다. 또 15M 운동은 정당한 권리를 위해 싸우는 전 세계의 모든 사람에게 새로운 활동 방법을 보여 주었죠.

15M 운동에는 지도자도, 당도, 제도도 없었습니다. 어떤 계층의 이익을 위해 세운 전략도 없었어요. 처음 집회가 열릴 때만 해도 '미래가없는청년들'이나 '이제는진정한민주주의를'과 같은 운동 단체들이 함께했습니다. 이후 여러 단체가 모인 운동으로 거듭났죠. 동시에 단체들이 전통처럼 이어 오던 계급 중심의 운영에서도 벗어났습니다.

15M 운동은 꿀벌들의 사회와 비슷하게 펼쳐졌습니다. 공동체 의식이 강한 꿀벌처럼 모든 참가자가 공동의 이익을 위해 노력했고요. 일방적인 규칙에 얽매이지 않고 한 명, 한 명이 창의적으로 활동을 펼쳤습니다. 야외 밤샘 집회는 온라인과 오프라인에서 만들어진 연결 망들을 하나로 엮어 서로 다른 생각과 감성을 한데 모았습니다. 또 15M 운동이 나아갈 길에 공동의 미래를 세우는 곳이 되었죠.

15M 운동은 출발부터 '어떻게'가 더 중요한 운동이었습니다. 푸에르타델솔은 부당함을 깨트리고 하나 되

는 곳으로 바뀌어 갔습니다. 날이 갈수록 제2, 제3의 푸에르타델솔도 스페인 곳곳에서 나타났습니다. 이곳들 역시 모든 사람에게 열려 있는 공공장소를 차지하고 다 함께 행동하겠다는 의지를 나눌 공동체들을 위한 장소가 되었습니다.

15M 운동은 참가자들의 생각이 담긴 행동 계획으

로만 이루어지지 않았습니다. 시위대의 평범한 사람들과 다른 로살리아 메라와 같은 인물들도 자유롭게 지지를 나타낼 수 있었으니까요. 누군가는 처음 광장에 모였던 시민들을 '분노한 사람들'이라 불렀습니다. 이 명칭은 15M 운동이 프랑스 작가 스테판 에셀(Stéphane Hessel)의 책 《분노하라》에 대한 응답이라는 사실을 보여 줍니다. 외교관 출신의 에셀은 책에서 젊은이들에게 평화롭게 시위하라고 말했습니다. '분노한 사람들'은 15M 운동을 감정에 치우친 운동처럼 보이게 했습니다. 분노를 넘어 더 멀리 나아가지 못하고 누군가에게 인기를 얻는 데만 관심을 두는 정치 운동처럼 말이죠.

변화를 꺼리는 사람들이 볼 때 15M 운동은 청년 세대가 부모 세대의 풍요로움을 누리지 못하는 현실에 꺾여서 터트린 철없는 불만으로밖에 보이지 않았습

니다. 신문과 방송에서는 스페인 사회가 집회 참가자들을 따뜻하게 위로하는 척하지만 사실은 그렇지 않다는 식으로 뉴스를 전했죠. 로살리아 메라나 거대 은행 빌바오비스카야아르헨타리아(BBVA)의 회장 프란체스코 곤잘레스(Francisco González)가 카메라와 마이크 앞에서만 '분노한 사람들'인 척한다거나, 많은 당과 노조 대표가 15M 운동을 도구로 삼아 사회에 불만이 있는 사람들에게 표를 얻으려 한다는 뉴스가 대표적이었습니다. 눈에 보이는 지도자가 없었기 때문에 15M 운동을 자신의 입맛에 맞춰 보려는 사람들이 그만큼 많았던 것이죠.

실제로 부자들이 '분노한 사람들'에 함께하는 이유를 의심한 사람들은 밤샘 야외 집회가 사회 지도층이 뒤에서 짠 계획에 그저 따르기만 하는 운동은 아닐까 생각했습니다. 아슬아슬한 현재의 사회를 무너트리지 않으면서 자신들의 위치를 굳히려고 시위로 한 연극은 아닐지 의심한 겁니다.

시간이 흐르자 집회 참가자들의 운동은 그야말로 성공했음이 드러났습니다. 집회 처음부터 '분노한 사람들'은 다양한 생각을 서로 나누어 왔으니까요. 광장에

는 사람들이 참여하는 회의부터 여러 분야의 위원회와 모임까지 다양한 토론의 장이 마련되었습니다. 그리고 이러한 노력들은 결실을 맺었죠. 시민들이 푸에르타델솔에 모여 15M 정신의 토대가 된 선언문을 통과시켰거든요.

선언문의 내용은 힘으로 거리에 자리를 잡아 정치인과 법조인, 경찰 등에 맞선 시위자들이 기대할 만한 내용과는 달랐습니다. 사회의 질서를 뒤집어 버리거나 지금껏 없던 새로운 생각과는 거리가 멀었거든. 첫 번째는 선거법을 고치자는 내용이 있었습니다. 두 번째는 스페인 헌법이 보장하고 있지만 실제로는 지켜지고 있지 않은 기본권에 관한 내용이 있었습니다. 쾌적한 환경에서 살 권리, 자유롭게 이동할 권리 등이 여기에 들어갔습니다. 나머지도 같은 요구들로 이루어져 있었습니다.

선언문은 기존의 사회를 평화롭게 유지하면서도 복지 국가를 지지하는 생각을 담고 있었습니다.

시민들이 선언문을 발표하자 원래 15M 운동이 좇던 정신을 저버렸다며 많은 사람이 비판하고 나섰습니다. 보다 넓게 바라보면, 단 하나의 정신만을 좇지 않았다는 점이 15M 운동을 특별하게 했다는 사실을 알 수 있습니다. 15M 운동은 평등한 조직을 바탕으로 여러 분야를 넘나들며 펼쳐졌습니다. 동시에 서로 주장하는 바가 부딪치면 토론은 조용할 날이 없었습니다. 그러다 보니 서로의 생각을 주고받으며 바꾸어 나가는 힘이 강해졌습니다.

15M 운동은 끝없는 토론이었다. 이 운동에서 비롯한 토론은 새로운 생각과 운동을 낳았고 정치판을 뒤엎는 결과로도 이어졌다.

15M 운동은 끝없는 토론이었습니다. 15M 운동에서 비롯한 토론은 광장에서 새로운 생각과 운동을 싹틔웠습니다. 이는 정치판을 뒤엎는 결과로도 이어졌죠. 푸에르타델솔의 야외 밤샘 집회는 6월까지 이어졌습니다. 시위를 이끌었던 힘은 훨씬 더 먼 곳까지 영향을 미쳤습니다. 길거리에서 생긴 시민 단체는 곳곳으로 퍼져 나갔고 위기에 빠진 사람들을 잇는 고리를 더욱 튼튼하게 했습니다.

스페인에서 가장 돈 많은 사람이 '분노한 사람들'을 지지했다는 점은 그들의 완벽한 승리를 보여 주는 확실한 증거로 보아야 합니다.

15M 운동은 부당한 사회에 맞서 새로운 공감을 낳았고 반대하는 사람들까지도 귀 기울이게 했습니다. "그들은(정치인) 우리를 대표하지 않는다."라는 슬로건은 시민들을 직접 움직이게 했습니다. 꿀벌들처럼 사람들은 끝까지 일을 멈추지 않을 테니까요.

인종 차별에 맞서다
_퍼거슨 시위

시체가 있던 자리에 곰 인형 수백 개가 놓여 있습니다. 가로등 주위에 피라미드 모양으로 쌓인 갖가지 색깔의 인형들은 묘하면서도 애처로웠습니다. 정부 관계자들이 마이클 브라운(Michael Brown)의 시체를 가져간 지 몇 시간이 채 되지 않은 때였습니다. 인형 더미 옆에는 브라운의 어머니 레슬리 맥스패든(Lesley MacSpadden)이 장미 꽃잎으로 수놓은 아들의 이름 첫 글자만이 남아 있었습니다.

미국의 퍼거슨시 주민들은 그 자리에서 만들어진 추모의 장소가 무엇을 뜻하는지 알고 있었습니다. 경찰견을 데려와 유족을 을러대고 또 곰 인형 위에 오줌을 누도록 내버려 뒀던 경찰들도 그 뜻을 알고 있었습니다. 브라운의 어머니가 남긴 장미 꽃잎을 짓밟고 지나간 순찰차의 운전자도 알고 있었습니다. 유족과 친구들이 다시 장미 꽃잎으로 브라운의 이름을 쓰자 다음 날 다시 그곳을 어지럽혔던 또 다른 순찰차, 아니 어쩌면 전날과 같은 순찰차의 운전자도 알고 있었습니다.

그를 기리는 장소에서 경찰들이 보인 행동은 우연이 아니었습니다. 브라운의 죽음도 사고가 아니었죠. 흑인을 미워하는 감정에서 비롯한 차별을 계속 용납한 결과였습니다. 브라운이 죽기 몇 주 전에도 뉴욕 경찰은 에릭 가너(Eric Garner)를 목 졸라 숨지게 했습니다. 4일 전 오하이오주에서는 통화하던 존 크로포드(John Crawford)가 경찰이 쏜 총에 맞았습니다. 브라운이 죽고 이틀 뒤 로스앤젤레스 경찰은 바닥에 엎드린 이젤 포드(Ezell Ford)의 등에 여러 번 총을 쏘았습니다. 다음 날 캘리포니아주에서는 단테 파커(Dante Parker)가 경찰의 전기 충격기 공격을 여러 번 받고 숨졌습니다.

크게 보자면 브라운 사건은 특별하지 않은 일일지도 모릅니다. 이후 경찰이 보인 잔인한 행동도 유별나다고 볼 수 없을지도 몰라요. 미국 경찰이 흑인 사회에 벌이던 불공평한 전쟁에서 희생자가 또 한 명 늘어났을 뿐이었습니다. 브라운은 대런 윌슨(Darren Wilson) 경관이 검문했을 때 아무런 무기도 없이 길을 걷고 있었습니다. 윌슨 경관은 그에게 여섯 번이나 총을 쏘았습니다. 심지어 첫 번째 발사는 순찰차에서 이루어졌습니다. 브라운의 이

> 브라운 사건은 특별하지 않은 일일지도 모른다. 그저 미국 경찰이 흑인 사회에 벌이던 불공평한 전쟁에서 희생자가 또 한 명 늘어났을 뿐이었다.

름이 어쩐지 다른 흑인 사망자들보다 더 익숙하게 들린다고요? 그의 죽음을 계기로 시민들이 거리에 나와 저항 운동을 시작하고 흑인 사망 사건이 커다란 사회 문제로 두드러졌기 때문일 겁니다.

오늘날 '퍼거슨 소요(여럿이 떠들썩하게 들고일어남)'로 알려진 항의 시위는 2014년 8월 밤부터 시작됐습니다. 미리 계획하지 않고 진행했는데도 많은 사람이 함께한 커다란 집회였죠. 사람들은 분노하며 거리를 가득 메웠습니다. 경찰이 이 집회를 일부러 억누르지만 않았어도 더 큰 시위는 일어나지 않았을지도 모릅니다. 첫 밤부터 경찰들은 평화 시위를 벌이던 시민들을 길에서 때리고 고무총과 최루 가스를 쏘았습니다. 나중에는 기관총과 탱크까지 거리로 가져왔죠. 이는 집회 참가자를 상대로 전쟁한다는 뜻이자, 경찰들의 무기와 힘을 내세우겠다는 메시지였습니다. 경찰들은 신분을 밝

히지도 않고 거리에 나왔습니다. 또 "내가 대런 윌슨이다."라고 적힌 팔찌를 차고 있었죠. 퍼거슨시 경찰의 95퍼센트는 백인이었습니다. 이때 경찰들은 가진 것 없이 나온 시민들을 향해 무기를 들었습니다.

이 사태가 일주일 동안 이어지면서 시위는 과격해졌습니다. 대런 윌슨 경관이 처벌받지 않고 풀려나는 일을 막기 위해서였죠. 법원이 이전처럼 대충 사건을 끝내지 않게 하려면 시위대는 분노의 불꽃을 꺼트리지 않아야 했습니다.

날이 가면서 거리의 상황은 더욱 격렬해졌습니다. 잡혀가거나 다치는 사람들도 점점 많아졌죠. 이대로 집회와 충돌이 계속될 수는 없는 노릇이었습니다.

기나긴 밤이 몇 번이나 지났을까요? 8월이 끝나갈 무렵 퍼거슨 시민들은 시위에서 보인 격렬함을 잃어 갔습니다. 대신 그들의 활동은 한 단계 발전해서 훨씬 성

숙한 운동으로 거듭났습니다. 인권 운동가 다넬 무어(Darnell L. Moore)와 패트리스 컬러스(Patrisse Cullors)는 흑인에게 퍼붓는 경찰의 지나친 폭력을 알리기 위해 1년 넘게 '#BlackLivesMatter(흑인의생명도소중하다)'라는 해시 태그를 사용해 왔습니다. 둘이 페이스북으로 대화를 주고받다가 생긴 일종의 구호였습니다. 이들은 퍼거슨 시위가 더 많은 사람에게 공감을 얻어야 한다고 생각했습니다. 그러려면 SNS의 힘을 잘 이용해야 한다고 생각했죠. 경찰이 시민을 숨지게 한 사고를 전한 신문 기사. 트위터에서 경찰 두 명이 숨 쉬지 못해 몸부림치는 에릭 가너를 억누르는 모습을 반복해서 재생하는 동영상. 이런 자료들은 SNS를 타고 분노와 희망이 뒤섞인 채 빠르게 퍼져 나갔습니다. 흑인의 생명도 소중하다는 생각을 나누는 사람들에게 해시 태그는 서로를 잇는 길이 되었죠. 해시 태그는 계속 늘어났고 더 많은 사람이 사태가 얼마나 심각한지 깨달았습니다. 무어와 컬러스는 시민들의 분노가 온라인에서 그치지 않고 오프라인에서도 나타나길 바랐습니다. 거리에서 집회를 열어 그들의 목소리를 사회에 외치길 바랐습니다. 두 사람은 브라운 사망 사건이 터진 뒤 퍼거슨 사람들뿐 아니라 모든 시민이 함께하는 자유 행진을 계획했습니다. 퍼거슨 시위를 전국적인 운동으로 발전시키는 것이 목적이었죠. 그들의 계획은 성공했습니다. 500명이 넘는 시민들이 퍼거슨시까지 와서 행진에 함께했거든요. 퍼거슨 시위는 시작이었습니다. 이는 브라운의 사망 소식에 사람들이 거의 무의식적으로 일으킨 반응이었어요. 오랜 기간 쌓인 고통이 드디어 터져 나왔습니다. 해시 태그 '#BlackLivesMatter'는 시위의 정신을 훨씬 더 진지한 사회 운동으로 자라게 했습니다. 미국 곳곳이 아니라 세

계에도 커다란 울림을 남겼죠. 퍼거슨시는 모두를 위해 정의를 외치는 장소를 상징하게 되었습니다.

2014년 11월 24일, 배심원단은 대런 윌슨 경관을 브라운 살해 죄로 법정에 세우지 않겠다고 결정했습니다. 판결이 나오기 이틀 전에도 클리블랜드의 한 공원에서는 열두 살 흑인 소년 타미르 라이스(Tamir Rice)가 경찰이 쏜 총에 숨졌습니다. 9일 전에도 클리블랜드에

서 타니샤 앤더슨(Tanisha Anderson)이 경찰의 힘에 밀려 콘크리트 바닥에 머리를 부딪혀 목숨을 잃었습니다. 에릭 가너를 목 졸라 숨지게 한 다니엘 팬털레오(Daniel Pantaleo) 경관의 재판도 끝나 버렸습니다. 전 세계가 놀람과 실망의 눈빛을 보내는 가운데, 팬털레오 경관은 무죄 선고를 받고 풀려났죠. 판결은 잔인했고 모욕적이었습니다. 또 법 앞에서도 폭력이 계속되고 있음을 보여 주었습니다. 흑인의 생명은 소중하지 않았죠.

거리의 반응은 뜨거웠습니다. 잔인한 경찰에 맞서 "Black Lives Matter,"를 외치는 집회가 뉴욕과 워싱턴에서 처음으로 열렸습니다. 어떤 인권 단체들은 지나치게 격렬해지는 집회를 막으려고 노력했습니다. 제시 잭슨(Jesse Jackson)을 비롯한 흑인 사회의 주요 지도자들도 '#BlackLivesMatter' 운동이 거리로 나올 만큼 성숙하지는 않았다고 걱정했죠. 오바마 대통령까지 나서서 퍼거슨시 대표자들을 만나 시위대의 흥분을 가라앉히려고 했을 정도니까요. 그 무엇도 효과는 없었습니다. 이런 걱정과 달리 수많은 사람이 뜻을 함께한 집회와 행진은 성공을 거두었습니다. 할리우드 배우들과 프로 농구 선수들이 "숨을 쉴 수 없다."는 구호를 함께 외치고 '#BlackLivesMatter'에 찬성을 나타내는 옷을 입었습니다. 그러자 언론의 관심도 커졌습니다.

몇 달이 지나며 학생들도 운동에 함께했습니다. 학생들은 행진 시위를 벌이는가 하면, 죽은 것처럼 바닥에 눕는 다이인(Die-in) 행동을 보이기도 했습니다. 수백 명이 도로에 눕는 다이인은 죽은 후에도 오랜 시간 길거리에 내버려 두었던 피해자들을 상징했습니다. '#BlackLivesMatter'는 이제 인권 운동들과 흑인들만의 구호가 아니었습니다. 백인계와 라틴계, 아시아계 청년

타미르 라이스 - #그의이름을말하라 #BlackLivesMatter

타니샤 앤더슨 - #그녀의이름을말하라 #BlackLivesMatter

들까지 함께하는 열린 사회의 운동이 되었죠. 참가자들은 짧은 시간에 이런 성과를 이루면서도 민주주의의 원칙을 지켰습니다. '#BlackLivesMatter' 운동은 지도자나 위아래 관계없이 평등한 연결 망으로 퍼져 나갔습니다. 이와 함께 흑인 사회의 문제를 다 함께 해결하려는 모습을 보여 주었죠. '#BlackLivesMatter'는 온라인 활동에 집중하면서 SNS를 알맞게 활용했습니다. 온라인에서 만난 참가자들은 어떤 활동을 할지 계획했고요.

지금 이 순간에도 '#BlackLivesMatter' 운동은 퍼져나가고 있습니다. 그들의 외침은 아직 실현되지 않았거든요. 경찰들은 여전히 피부색을 이유로 흑인에게 총을 겨누고 있습니다. 아마드 아버리(Ahmaud Arbery), 브레오나 테일러(Breonna Taylor), 조지 플로이드(George Floyd), 제이콥 블레이크(Jacob Blake) 등 경찰들의 지나친 폭력에 희생된 흑인들은 계속 늘어나고 있습니다. 트럼프 정부는 '#BlackLivesMatter' 운동을 범죄로 받아들이고 문제를 해결할 희망을 닫아 버렸습니다. 그리고 거리 집회의 긴장을 높였죠.

경찰들이 마이클 브라운을 기리는 장소를 어지럽힐 때마다 퍼거슨시의 사람들은 포기하지 않고 다시 정리해 왔습니다. 앞으로도 '#BlackLivesMatter' 운동은 타인의 인권을 살피는 따뜻한 저항을 계속 보여 줄 겁니다. 사회에 뿌리박힌 인종 차별을 고발하고 미국 사회에 진정한 변화를 불러오기 위해 노력할 테지요.

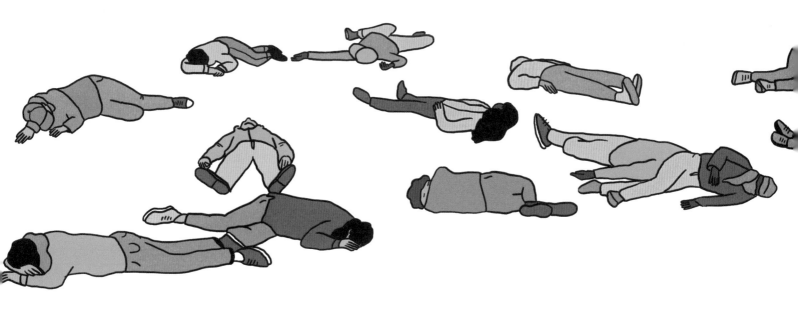

어떤 금요일, 환경 보호를 외치다

_미래를위한금요일

오늘은 8월의 어떤 금요일입니다. 이날 누군가는 더 이상 이대로 있어서는 안 되겠다고 굳게 마음먹었습니다. 언론도 입을 닫고 정치인들도 아무 대책을 세우지 않는 현실에 질렸거든요. 아무 일 없다는 듯 계속 생활하는 사람들도 이해할 수 없었습니다. 누군가는 이미 알고 있었습니다. 지구가 이익에 눈이 먼 사람들의 잘못 때문에 망가지고 있다는 사실을 말이죠. 이제 지구 온난화가 기상학자나 환경 운동가들에게만 관심을 보이는 특이한 현상이라고 생각하지 않습니다.

10, 9, 8, 7, 6…… 이미 카운트다운은 시작됐습니다. 앞으로 서서히 터질 준비를 하며 재깍거리는 폭탄 소리에 일부 사람들만 두려워하고 있습니다. 폭탄이 모두 터지고 나면 어떻게 될까요? 모두가 부서지고 사람들의 삶도 거기서 끝일 겁니다.

이 경고 소리가 다른 사람들에게는 전혀 무섭게 들리지 않는다는 사실이 이상할 뿐입니다. 왜 누군가만 조마조마해하는지 이해할 수 없습니다. 아직 잘못을 되돌릴 시간이 남아 있는데도 말이죠. 오늘, 당장, 왜 아무도 손쓰지 않을까요? 더욱 이해할 수 없는 점은 따로 있습니다. 사회 지도자와 정치인이 바뀌는 기후와 환경이 걱정스럽다며 귀에 못 박히도록 말하면서도 정작 아무 일도 하지 않는다는 사실입니다.

8월의 어떤 금요일, 누군가는 폭발해 버렸습니다. 더 참을 수 없어 학교로 가던 발길을 국회로 돌린 겁니다. 혼자서라도 국회 앞에서 시위할 참이었습니다. 아직 열다섯 살밖에 되지 않은 소녀인데다가 부모님도 걱정하시지만 상관없습니다. 소녀가 외치려는 말은 딴 세상의 엉뚱한 이야기가 아닙니다. 적어도 이미 정한 약속만이라도 지켜지길 바랄 뿐이었습니다. 또 세계의 지도자들이 자기 나라부터 탄소 배출량을 줄이려고 행동하길 바랄 뿐이었고요. 하루아침에 이룰 수 없는 일이라는 것은 잘 알고 있습니다. 소녀는 매주 금요일마다 시위를 이어 가기로 했습니다. 이 결정을 누구도 바꿀 수 없었습니다. 정치인들이 어떤 식으로든 답할 때까지 그만둘 생각은 없으니까요.

그때 예상치 못한 일이 벌어졌습니다. 사람들이 소녀의 행동에 큰 관심을 보였거든요. 소녀의 이야기에 공감하는 사람들이 생기면서, 시위가 점차 퍼져 나갔습니다. 나라 안에서뿐만 아니라 전 세계에서 말이죠.

많은 청소년이 시위에 함께해 금요일마다 거리로 나왔습니다. 위기에 빠진 기후 문제를 해결하자고 외치기 위해서 말입니다. 신문과 방송이 이 이야기에 관심을 보였습니다. 텔레비전과 라디오에 출연하고 트위터에 사진을 올릴 때마다, 시위도 점점 커졌습니다.

금요 시위는 기후 변화 대책을 외치는 '미래를위한금요일(Fridays for Future, FFF)'이라는 단체로 발전해 전 세계로 퍼져 나갔습니다. 시위를 시작한 지 1년 만입니다. 이제 국회 앞에 서 있는 사람은 소녀 혼자가 아닙니다. 곁에는 수백만 명의 사람들이 있습니다. 시위도, 분노도 더 이상 혼자만의 것이 아닙니다. 이 문제에 흥미가 없던 사회를 일깨우고자 평화 시위에 나선 모든 이의 것입니다. 사람들은 함께 희망을 키우고 있습니다.

어디에서 많이 들어 본 이야기라고 생각하나요? 맞습니다. 지금 이 이야기는 그레타 툰베리(Greta Thunberg)의 이야기입니다. 툰베리라는 이름을 듣고 위인전에 나오는 인물처럼 거룩한 무언가를 떠올릴지도 모르겠습니다. 요트를 타고 대서양을 건넜다든지. 아스퍼거증후군을 이겨 냈다든지. 트럼프 대통령과 옳고 그름을 따졌다든지. UN에서 연설했다든지. 기후 변화 문제에서 상징적인 인물이 됐다든지. 툰베리 하면 으레 따라오는 여러 이야기를 아마 들어 봤을 겁니다. 언론의 떠들썩한 기사에 관심을 갖다 보면, 툰베리가 어떤 종교의 지도자처럼 느껴질지도 모르겠습니다. 실제로 툰베리는 사람을 끌어당기는 특별한 힘 덕분에 오늘날 세

계적인 유명 인사가 되었습니다. 언론은 툰베리가 어떻게 자랐고 어떤 어려움을 어떻게 이겨 냈는지를 전하기도 합니다. 툰베리의 이야기를 찬찬히 들여다보면, 사람의 마음을 움직이는 믿음이 이 소녀의 특별한 힘임을 깨달을 수 있을 겁니다. 툰베리가 기후와 환경 운동의 상징이 된 까닭은 무엇일까요? 모두에게 위기의식을 깨우쳐 주었기 때문입니다. 기후와 환경 문제의 심각성을 알릴 새로운 공간을 마련해 주었기도 하고요.

툰베리를 외롭고 화난 10대 소녀 그 이상이라고 생각해 볼까요? 나무판자로 만든 팻말은 툰베리가 몇 년째 벌여 온 기나긴 싸움의 증거입니다. 그녀의 행동은 기후와 환경 문제를 외치던 사람들과 답답함을 느꼈던 수백만의 청소년을 대신해 전 세계에 울림을 남겼습니다. 미래를 기대할 수 없어 어린 세대가 느껴야 했던 분노하는 마음을 나누었습니다. 마침내 그들이 한자리에 모일 수 있도록 하기도 했고요. 여러분 모두 미래를 상상할 수 없다고 생각해 보세요. 할 수 있는 일은 단 한 가지, 싸우는 것뿐입니다. '미래를위한금요일' 단체가 그 싸움을 하고 있죠.

툰베리의 대담한 행동 덕분에 시위는 수백 개의 나라에서 동시에 일어날 수 있었습니다. 마침내 모든 생명체가 마지막을 맞이할 수도 있다는 두려움과 마음의 혼란을 느낀 청소년들이 들고일어났습니다. 그들 손에는 "우리의 미래를 불태우지 마십시오. 기후는 기다려 주지 않습니다."라고 적힌 팻말이 들려 있었습니다.

이제까지 사람들은 숫자나 눈에 보이지 않는 말로만 기후 변화 문제를 다뤘습니다. 하지만 기후 변화는 온실가스 배출량이나 오염을 놓고 지루하게 의견을 주고받으면서 해결할 수 있는 문제가 아니었죠. 지구에 사는 인류는 이 사실을 깨닫고 모든 생명체가 사라질 수 있다는 점을 알아야 했습니다. 기후 변화의 피해는 과학자들이 내놓는 어려운 숫자로 가늠할 수 없습니다. 하지만 기후 변화의 피해로 얼마나 많은 생명이 사라졌는지, 얼마나 많은 사람이 병에 시달리는지, 얼마나 많은 동물이 사라졌는지, 얼마나 생태계가 무너졌는지를 잘 알 수 있습니다.

환경은 지금 눈앞에서 파괴되고 있습니다. 오스트레일리아와 미국 서부에서는 큰 산불이, 짐바브웨와 모잠비크에서는 태풍이, 인도에서는 홍수가, 온두라스와 엘살바도르에서는 가뭄이 지구를 할퀴고 갔습니다. '미래를위한금요일'의 청소년들은 이런 쓰디쓴 현실과 그 앞에서 입을 다문 어른들을 보았던 것입니다.

"지금 젊은 세대는 부모 세대가 살던 지구와는 너무도 달라진 지구를 물려받을 것입니다. 어른들은 우리에게 불안한 미래를 남기려고 합니다. 숲은 불타고 호수는 메마르고, 기름진 땅은 황무지로 변할 것입니다. 저나 여러분이 태어나기도 전에 지구와 환경이 어떻게 바뀌고 있는지 사람들이 알고 있었다고 생각하면

무섭기까지 합니다. 원인을 알고 결과를 예상할 수 있었는데도 문제를 해결하기 위해 아무것도 하지 않았다는 뜻이니까요. 사람들은 자기들만의 세계에 빠져 있었습니다. 그리고 무너져 가는 삶의 터전을 보고도 가만히 있었습니다."

'미래를위한금요일'이 일으킨 혁명은 절망과 두려움, 처절함에서 우러나와 행동한 결과였죠. 청소년들은 환경 파괴라는 불안과 걱정을 운명처럼 안고 있습니다. 그럼에도 두려움에 떨며 움츠러들지 않았습니다. 희망 없는 현실에 맞서, 무기력함에 맞서, 제도에 맞서 쓰고, 말하고, 생각하고, 항의했습니다.

'미래를위한금요일'은 갑자기 생기지 않았습니다. 그레타 툰베리도 혼자만의 생각으로 시위에 나서지 않았습니다. 학생들이 기후 문제를 심각하게 여기기까지 얼마나 오래 교육이 이루어졌을까요? 환경이 무너지고 있다는 경고가 얼마나 많았나요? 수많은 단체가 얼마나 많은 시위를 벌였던가요? 오염된 환경에서 신음하는 동물들의 사진은 또 얼마나 많았던가요? 이 모두는 그

동안 환경 운동가들이 기후 문제의 중요성을 외친 덕분입니다. 또 환경 문제를 두고 새롭게 토론의 장을 넓혀 온 덕분입니다.

운동에 나선 학생들이 가정이나 학교에서 배운 환경 구호를 앵무새처럼 따라 했다는 말이 아닙니다. 학생들은 스스로 환경 운동에 앞장섰습니다. 물론 그들의 행동은 지금까지의 환경 운동들과 크게 다르지 않을 수도 있습니다. 정부 관계자와 정치인에게 대책을 외치고 공개된 장소에서 시위를 펼치는 행동이 그렇습니다. 국회 앞에서 벌이는 시위를 시작으로 툰베리 역시 스웨덴 정부에게 분명히 답해 달라고 외쳤습니다. 툰베리가 이끈 운동은 우리가 지구 온난화를 어떻게 극복해야 하는지 매우 특별한 목표를 보여 줍니다. 툰베리의 연설은 사람들이 환경 위기에 가지고 있던 생각을 완전히 바꾸어 놓았습니다.

환경 오염 문제는 이제 남의 일이 아닙니다. 툰베리의 열정적인 외침은 사회의 위기의식을 일깨웠고 하루라도 빨리 결단을 내리도록 재촉했습니다. '미래를위한

*FRIDAYS FOR FUTURE! : 미래를 위한 금요일!

금요일' 단체의 운동은 사람들이 고개를 들어 현실을 제대로 마주하도록 했습니다. 사람들은 이제 더 이상 어깨를 움츠리고 숨어 있을 수도, 아무것도 몰랐다고 말할 수도 없습니다. 이 운동 덕분에 환경 오염과 기후 변화에 맞선 싸움은 지역 사회에서도 이어지고 있습니다. 마을마다, 도시마다 사정에 맞게 할 수 있는 일과 해야 하는 일을 찾을 수 있었습니다.

학생들은 정치인과 기업, 기관 등 대상을 정해서 자세한 대안을 이야기했습니다. 환경을 살리자는 운동에 만족하지 않고 삶과 환경에 영향을 미칠 수 있는 목표를 세웠습니다. 새로운 생각을 만들어 내길 원하고, 또 그러한 바람을 현실로 바꾸고 있습니다.

이 운동이 특별한 이유는 또 있습니다. 바로 청소년들의 솔직함입니다. 학생들은 어쩌면 없을지도 모를 미래의 대표자로서 다 함께 목소리를 높였습니다. 그 결과, 기후 위기가 죽음을 뜻한다는 사실을 분명히 알릴 수 있었습니다. '미래를위한금요일' 단체의 운동 초기에 툰베리는 "우리의 삶은 여러분의 손에 달려 있습니다."라며 연설을 마치곤 했습니다. 이 말을 그대로 받아들인 학생들은 가로막는 벽들을 넘어 운동에 함께했습니다. 학생들은 정치적 계산이나 당에 휘둘리지 않았습니다. 그들은 그저 생명을 구하고 싶을 뿐이었거든요.

청소년들은 거리로 나와 운동을 펼칠 때마다 사람들에게 과제를 남깁니다. 어서 분명하게 행동하자고 말이죠. 그들은 거리로 나올 때마다 플래카드를 듭니다. 미래가 사라지고 있다고 상상해 보라고. 모두가 알고 있지만 아무것도 하지 않는다고 상상해 보라고. 아무도 환경 오염으로 죽는 생명, 사라지는 동물들, 바뀌는 기후를 신경 쓰지 않거나 심각하게 여기지 않는다고 상상해 보라고. 오늘이 8월의 어떤 금요일이고 여러분이 더 이상 참지 않겠노라 마음먹었다고 상상해 보라면서 말이죠. 자, 이제 여러분은 어떻게 하겠나요?

나의 이야기로 조용히 맞서다
_#이야기하라(#Cuentalo)

봄기운이 물씬 나던 어떤 목요일 밤. 여러분은 거실 소파에 앉아 꾸벅꾸벅 졸며 별로 재미도 없는 텔레비전을 보고 있습니다. 이제 잘 시간이 됐나 확인해 보려고 손을 뻗어 영혼 없는 손놀림으로 스마트폰 잠금을 풀고 트위터에 들어갑니다.

그런데 스팸 문자나 사회에 불만을 쏟아 내는 트윗으로 뒤범벅이어야 할 새 글의 표시 창에 평소 보지 못한 글들이 올라와 있습니다.

열아홉 살 때였다. 클럽에서 어떤 남자가 나를 잡아채더니 구석으로 밀치고 엉덩이를 만지며 웃었다. 남자의 친구들은 옆에서 환호성을 지르며 낄낄댔다. #이야기하라

열여덟 살 때 메노르카섬에서 열린 산호안 축제에 갔다. 축제를 즐기는 사람들로 어수선한 가운데 한 무리의 남자가 나를 둘러쌌다. 그들은 내 몸에 손을 대려고 했다. 소리 지르자 남자들은 나를 때렸다. 다행히 친구가 팔을 뻗어 남자들 속에서 나를 끄집어냈다. 경찰에 알리지는 않았다. #이야기하라

열다섯 살 때 길을 걷고 있는데 어떤 남자가 내 다리 사이와 등에 거칠게 손을 밀어 넣었다. 어찌나 세게 엉덩이를 움켜쥐었던지 발이 땅 위로 들릴 정도였다. 나는 온몸이 굳었다. 소리도 지르지 못하고 남자가 사라질 때까지 가만히 있었다. #이야기하라

내 이름은 앙헬레스 라우손. 열여섯 살이고 콜레히알레스에 산다. 체육관에서 집으로 돌아오는데 아파트 관리인이 나를 덮쳤다. 저항하자 관리인은 나를 죽이고 쓰레기 더미에 던져 버렸다. 나는 사실 앙헬레스 라우손의 이웃이다. 말할 수 없는 그녀를 대신해 내가 이야기를 올린다. #이야기하라

내가 여섯 살 때 '에밀리오 삼촌'이라고 부르던 아저씨가 있었다. 참고로 그의 정확한 이름은 구티에레스 산체스다. 에밀리오 삼촌은 옷을 벗기고 나를 덮쳤는데, 그때 그의 어머니는 주방에서 모두 지켜봤다. 말리는 사람은 아무도 없었다. #이야기하라

살인과 성폭행, 여성 학대 등 여성 폭력을 증언하는 트윗이 넘쳐나고 있었습니다. 모든 트윗은 나의 이야

기며, 하나같이 '#이야기하라(#Cuentalo)'라는 해시 태그를 달고 있었죠. 이 해시 태그는 이제껏 숨겨 오던 아픈 현실을 보여 주는 버튼이 되었습니다. 트위터를 닫는 것은 더 이상 해결책이 아닙니다. 무언가 일이 벌어졌고 무언가가 생겼으며, 무언가가 바뀌었습니다. 이 모든 일은 2018년 4월에 일어난 일입니다.

그날 밤부터 2주에 걸쳐 최소 300만 명의 여성들이 남성에게 겪었던 폭력을 털어놨습니다. 정부가 알린 통계에는 들어 있지 않았지만, 여성들은 분명 폭력을 당했습니다. 대부분 성폭행이었는데 실제로 알려진 사건은 하나도 없었습니다. 보복이 두려워 말없이 넘어갔거든요. 너무나 흔하고 자연스러운 일로 굳어지다 보니 여성을 공격한 범죄라고 생각하지 않기도 했습니다. 특히 성적인 농담과 성추행, 신체 접촉 등이 그랬습니다.

해시 태그는 여성들이 자신의 경험을 드러내는 역할을 했습니다. 첫 트윗이 올라오고 몇 시간 만에 스페인, 아르헨티나, 멕시코, 콜롬비아, 칠레 등 스페인어를 쓰는 나라의 대부분에서 비슷한 트윗이 올라왔습니다. 하나하나의 사연은 모두 소름 끼치는 내용들이었습니다. 이러한 트윗들이 하나둘 모이자 그동안 모른 체 넘겨 오던 여성 폭력이 떠올랐습니다. '나' 혼자가 아닌 '우리'라는 무리가 당한 이야기에서 말이죠. 여성 폭력 문제를 숨기고 눈감아 주던 사회 분위기에 맞서 여러 목소리가 생겨났다는 점은 더 중요했습니다. 여러 나라에서 폭력을 당한 여성들의 증언이 쏟아지자 많은 남성은 남의 일이거나 드문 일로 보며 대수롭지 않게 넘겼습니다. 이런 현실에서 여성들의 트윗은 정말 뜻깊은 외침이었어요.

이 모든 일은 앞서 밝힌 4월의 어떤 목요일 아침에 시작됐습니다. 스페인의 나바라(Navarra)주 지방 법원에서 일명 '짐승 떼'로 알려진 남성들이 저지른 성폭력 사건에 판결을 내린 뒤였습니다. 이 사건은 국민들의 관심을 받았습니다. 스페인 법원은 물론 여성 운동권에서도 성범죄 처벌을 깊이 생각하는 계기가 되었죠. 나바라주 법원은 '짐승 떼'의 죄가 '오랫동안 이어진 가벼운 학대'라고 결론을 내렸습니다. 판결문에는 피해자가 좁고 보이지 않는 곳에서 나이가 있고 건장한 남성 다섯 명에게 둘러싸여 머리채를 잡혔으며 구석에 웅크려 아프다고 소리 질렀다는 내용이 적혀 있었습니다. 분명 성폭력으로 판단할 수 있는 내용이었죠. 그런데도 이런 판결이 나왔다는 점은 이해할 수 없었습니다.

판결 소식에 충격을 받은 사람들 가운데에는 기자 크리스티나 파야라스(Cristina Fallarás)가 있었습니다. 그녀는 말도 안 될 만큼 남성 중심적이며 분명하지 않은 기준으로 판결이 나온 이유가 무엇일지 생각했습니다. 그리고 〈푸블리코〉 신문의 부편집장 비르히니아 알론소(Virginia P. Alonso)의 글을 공유하는 트윗을 올렸죠. 글은 알론소가 열세 살 때 남성들에게 성폭행당한 사실을 알리고 있었습니다.

@비르히니아 알론소의 이야기를 들어 보세요. 여성 여러분, 성폭행을 당했다면 숨기지 말고 이야기해야 합니다. 알론소의 이야기는 곧 우리의 이야기입니다. 우리가 말하면 다른 여성들도 경험을 털어놓을 것입니다……. 알론소 부편집장님, 고맙습니다. @푸블리코_스페인 #이야기하라

몇 시간 뒤 파야라스가 다시 트위터에 접속했을

때, 아버지, 남편, 친척, 직장 상사, 심지어 모르는 남성에게 어린 시절 또는 얼마 전 축제에서, 골목에서, 방에서, 클럽에서, 현관에서, 해변에서, 기차에서 성폭행을 당했다고 털어놓는 여성들의 트윗이 수십 개나 올라와 있었습니다. 이제는 '짐승 떼'의 사건 판결이 문제가 아니었습니다. 여성들의 고백은 분노를 넘어 이해와 공감으로 발전했습니다. 영혼을 부서트린 경험을 다 함께 쏟아 내는 폭포가 생긴 겁니다.

트윗은 모두 파야라스가 시작한 해시 태그 '#이야기하라'를 달고 있었습니다. 파야라스는 줄줄이 올라온 해시 태그가 달린 트윗을 이렇게 설명합니다.

"해시 태그를 입력하자 아픔을 나누는 공간이 열렸습니다. 해시 태그가 만남의 장소가 될 수 있음을 단번에 깨달았죠. 거기에는 그 어디에서도 말할 수 없던 이야기를 털어놓을 공간이 있었습니다."

'#이야기하라'는 갑자기 나타나지 않았습니다. 수많은 사람이 한마음으로 반응을 보인 운동 가운데 이미 '#미투(#MeToo, 나도 당했다)'라는 해시 태그를 달고 퍼진 '미투 운동'이 있었습니다. '#이야기하라'가 등장하기 1년 전쯤 전 세계에 퍼졌던 대표적인 여성 운동이었죠. 미투 운동은 온라인에서 다른 사람이 아닌 '나'의 이야기를 해 다 함께 행동할 수 있다는 새로운 운동 방법을 보여 줬습니다.

시작은 2017년 할리우드 여배우들이 유명 영화 제작자인 하비 와인스타인(Harvey Weinstein)에게 성폭행을 당했다는 사실을 밝히면서였습니다. 당시 침묵을 깨고 피해자들끼리 한데 뭉쳤다는 점은 대단했습니다. 이후 배우 알리사 밀라노(Alyssa Milano)는 "성희롱이나 성폭력을 당한 적이 있다면 제 트윗에 '미투'라고 쓰세요."라며

'#미투' 해시 태그 운동을 펼쳤습니다. 미투 운동은 그렇게 퍼져 나갔죠.

안나 파킨(캐나다 출신의 영화배우)부터 레이디 가가(미국 팝 가수)에 이르기까지 연예계 스타들과 이름 모를 수억 명의 사람들이 함께하면서 전 세계에 '#미투'의 물결이 넘쳐났습니다. 물론 지금까지도 영향을 미치고 있죠. 알리사 밀라노는 자신이 펼친 운동이 널리 퍼지자, "짧은 순간에도 운동을 일으킬 수 있습니다. 지금이 우리가 나서야 할 순간입니다. 우리가 함께해야 할 순간."이라고 말했습니다.

사실 '미투'는 해시 태그로 유행하기 이전부터 사회 운동가 타라나 버크(Tarana Burke)가 성범죄에 맞서는 슬로건으로 먼저 사용했습니다. 버크는 '미투'를 통해 성범죄 피해자들이 경험담을 털어놓길 바랐습니다. 이야기를 하면 진실이 담겨 있을 수밖에 없었거든요. 자연스럽게 "나만 겪은 일이 아니구나." 하는 위로와 공감이 피어나리라 보았기 때문입니다. 나아가 피해자들끼리 한데 뭉칠 힘이 생겨나고 "당신은 혼자가 아니다."라는 행동으로도 이어지리라 생각했습니다.

숫자로 보는 #이야기하라	숫자로 보는 증언
대화량 275만 건	살인 : 10건 중 1건
참여자 79만 명	강간 : 7건 중 1건
원본 메시지 160만 건	성폭행 : 10건 중 3건
나의 이야기 증언 4만 건	성적 학대 : 6건 중 1건
좋아요 5만 개	성희롱 : 3건 중 1건
피해자 대신 증언 1만 1000건	성적 두려움 : 3건 중 1건

'#이야기하라'는 바로 이러한 공동체 정신을 이어받았습니다. 단순히 증언을 많이 이끌어 내는 것이 문제가 아니었어요. '나'의 이야기를 나누어 '우리'의 입을 통해 성폭력을 보고도 모른 체하던 사회 분위기와 침묵을 깨는 일. 부당한 권력에 맞서 만들어 내는 이야기가 중요했던 겁니다. 파야라스는 이렇게 이야기했습니다.

"직접 겪은 이야기를 나누면서 그토록 잔인한 일을 겪은 사람이 혼자가 아니라는 공감대가 만들어졌습니다. 여성들은 성범죄를 당한 사실을 부끄럽게 생각할 필요가 없어요."

클릭 한 번으로 숱한 증언과 고백이 터져 나오자 사람들은 다양하고 또 빈번하게 곳곳에서 성폭력이 일어나고 있었다는 사실을 깨달았습니다. 이제는 누구도 여성을 상대로 신체적, 언어적, 심리적 폭력과 범죄가 당연하다고 말할 수 없습니다. 성차별적 폭력이 남성 중심의 사회 분위기에서 비롯해 일상에 뿌리내리고 있었다는 점은 너무도 분명했거든요. 게다가 미투 운동이 힘을 얻으면서 여성들이 쉽게 피해 사실을 털어놓고 자신의 아픔을 받아들이는 환경도 갖춰졌습니다. 해시 태그를 타고 침묵에서 벗어나 이야기하라는 외침이 퍼져 나갔습니다. 그 결과, 사람들은 더 이상 쉬쉬하며 참지 않았죠.

'#이야기하라'와 마찬가지로 '#미투'에도 사람들의 마음을 건드리는 무언가가 있었습니다. 미투를 클릭한 사람들은 감정의 소용돌이에 빠져들었습니다. 이러한 변화는 시작이었습니다. 며칠이 지나자 '나'의 이야기가 '우리'의 이야기로 바뀌었거든요. 나의 고백이 우리의 고백이 되었고 수많은 사람이 트위터에서 나누었던 감정은 인터넷을 뒤흔든 새로운 운동의 씨앗이 되었습니다. 할리우드 여배우들의 폭로를 비롯해 자신의 피해 사실을 밝힌 여성들이 너무도 많았기 때문입니다. 피해 여성들을 지지하는 네트워크가 만들어졌습니다. 그들을 보호하는 법도 논의했습니다. 모든 증언을 기록할 저장 공간도 만들어졌습니다.

"침묵을 강요하면 모두의 기억을 훔치는 꼴이 됩니다. 그 기억이 살인이든, 폭력이든, 또 다른 고통이든 말입니다."

파야라스의 이 말은 '#이야기하라'와 같은 SNS 운동이 해시 태그를 넘어 중요한 의미가 있다는 점을 보여 줍니다. 크게 보면 '#이야기하라'와 미국과 한국의 '#미투', 아르헨티나의 '#니우나메노스(NiUnaMenos, 한 명도 빠지지 말고)', 프랑스의 '#블랑세투퍼(#BlanceTonPorc, 당신의 가해자를 고발하라)'가 서로 다르지 않은 운동임을 알게 해 주기도 합니다. 이 운동은 침묵을 깨고 폭력과 침묵하는 사회 구조에 맞선다는 점에서 같은 시위나 마찬가지입니다. 한 사람, 한 사람의 말로 시작했지만, 차마 입 밖에 낼 수 없었던 이야기. 이 이야기를 당당히 꺼내면서 성범죄 사실을 더 숨기지 않아도 된다는 기대. 그 기대가 만든 훌륭한 운동이라는 공통점이 미투와 비슷한 여러 SNS 운동에 담겨 있습니다.

"우리의 무기는 말입니다. 말할 수 있다면 이길 수 있습니다."

끝맺는 말
다 함께 거리 두기

집에서 아무 일도 하지 않으면서 혼자 있기. 이것도 단체 행동이라 부를 수 있을까요?

제가 이 책을 쓰면서 스스로에게 가장 많이 한 질문이 바로 이것이었습니다. 코로나바이러스가 유행하면서 스페인 사람들은 집에서 지내야 했고 저 역시 밖에 나가지 못한 채 이 책을 써 내려갔거든요. 책을 쓰면서, 같이 있을 때 비로소 힘을 보여 줬던 단체나 이름 모를 수많은 사람을 떠올리자 집에 갇혀 있다는 사실을 새삼 깨달았습니다. 알다시피 코로나바이러스는 하루아침에 모든 것을 바꿔 놓았습니다. 사람들은 출근하거나 생활에 필요한 물건을 사는 것이 아니면 집 밖으로 나갈 수 없었습니다. 그 누구와도 모일 수 없었고 모르는 사람과 만날 기회조차 없었습니다.

코로나바이러스는 사람들의 삶이 얼마나 촘촘하게 엮여 있는지 보여 주었습니다. 하루에도 얼마나 많은 포옹을 주고받았는지. 하루에도 몇 번이나 서로의 손을 잡고 팔짱을 끼거나 얼굴을 만졌는지, 하루에도 얼마나 자주 물건을 주고받았는지 깨달았죠. 그뿐만이 아닙니다. 텅 빈 도시와 조용한 거리, 멈춰 버린 공장, 결혼식, 장례식, 콘서트, 영화 상영, 종교 모임, 운동 경기, 회의 등을 보며, 다른 사람들이 없다면 우리가 할 수 없는 일이 얼마나 많았는지 깨닫게 해 줬습니다. 아마 그래서일 겁니다. 거리를 둔 채 처음 며칠 동안 저녁 8시마다 집에서 박수를 보내며 서로를 격려하던 일상이 그토록 감동적이었던 이유를 말입니다. 사람들은 한자리에 모이지 못하자, 새로운 방법으로 서로의 마음을 이었습니다. 스페인에서 SNS를 통해 시작한 8시 박수는 발코니와 계단 등 오랫동안 사람들이 잊고 있던 장소에서 이웃과 다시 만날 수 있게 해 주었습니다. 8시 박수는 의료인들의 고생과 노력에 다 같이 고마움을 표현하면서 바이러스와의 싸움에 모두 함께하겠다는 다짐을 나타냈습니다.

저녁 8시면 어김없이 발코니에 나타나는 사람들이 이 책의 주인공에 어울린다고 생각했습니다. 발코니에서 따뜻한 눈빛과 노래, 응원 소리를 보내 준 사람들도 그렇고요. 집에서 나올 수 없는 이웃들을 위해 음식을 가져다주던 주민들, 다른 사람들이 불편하지 않게 자기 자리를 지킨 슈퍼마켓 점원과 노동자들, 화상 통화로 서로의 안부를 확인하던 가족 모두 주인공이었습니다. 발코니에 나타났던 사람들이 일상의 지루함이나 재택근무의 외로움을 날려 버렸던 방식, 이 모두를 이야기하다 보면 사람들의 힘을 새로운 시선으로 볼 수도 있겠구나 싶었습니다. 비로 지구 곳곳에서 인류를 위협하는 바이러스에 맞서기 위해 온라인에서 뭉친 힘 말입니다. 그러다 바이러스와의 전쟁이 길어지며 생각이 바뀌었습니다. 사람들의 힘이 가장 감동적으로 드러났던 순간은 따로 있음을 말이죠. 의료인들의 희생이 두드러졌을 때도, 8시 박수의 물결이 넘쳐났을 때도 "다 잘될 거야"라는 포스터들이 거리에 넘실댔을 때도 아니었어요. 제가 진심으로 그 힘을 느낀 행동은 '거리 두기'였습니다. 거리 두기야말로 굳은 믿음이 있어야만 할 수 있는 행동이거든요. 얼핏 보면 거리 두기는 단순한 행동입니다. 우리가 서로에게 기대어 살고 있다는 굳은 믿음이 없었다면 시작할 수 없는 행동이었습니다. 헝가리의 철학자 아그네스 헬러(Agnes Heller)는 '세상에 태어나는 것이란 곧 서로 기댈 수밖에 없는 촘촘한 망에 뛰어드는 것'이라고 말한 바 있습니다. 바이러스가 우리의 등 뒤에 칼날을 들이밀고 있는 지금처럼 헬러의 말이 와 닿는 때가 있을까요?

코로나바이러스로 우리 모두는 헬러의 말을 몸소 체험하고 있습니다. 바이러스 경고 단계가 올라가며 한 명, 한 명의 시선에서 사람들의 행동을 보는 것은 더 이상 의미가 없어졌습니다. 마스크 쓰기, 사회적 거리 두기, 홀로 지내기, 손 소독제 사용은 모두 '나'뿐만 아니라 '우리'를 위한 일이었으니까요. 사람들끼리 관계를 맺을 수 없는 세상에 산다면 개인의 자유는 무슨 소용이 있을까요? 우리는 다른 사람에게서 자신을 보호하는 일뿐만 아니라, 다른 사람들도 보호하기 위해서 규칙을 지켰습니다. 모두를 다 같이 지키고 돌보기 위해서요. 집에서 혼자 지내고 만남을 피하는 일은 지금 사람들이 단체로 해야 하는 행동이 되었습니다. 각자의 노력은 모두가 함께해 바이러스와 맞서 싸우는 효과를 낳았습니다. 또 사람들 사이에 의무나 법을 넘어서는 단단한 약속이 있음도 보여 주었습니다. 아무것도 하지 않는 것이 곧 무언가를 하는 것이 되었습니다. 이 무언가는 눈에 보이는 활동은 아니지만, 우리 삶의 터전과 주변 사람들을 살리는 일이었습니다.

거리 두기와 혼자 있기는 집단을 이루는 시민으로서 사람들이 함께해야 할 책임 있는 행동이었습니다. 그런 점에서 지금까지 이 책에서 살펴본 사회 운동들과 같은 행동이지요. 사람들은 스스로를 다른 사람들과 떨어져 지내면서 돌보아야 할 관계를 돌아봤습니다. 또 앞으로 지구에서 살아갈 방법을 고민했습니다. 세계화된 경제가 몰고 올 결과에, 자연을 개발하면서 생길 새로운 문제들에, 어떻게 대처할지도 생각해 보았고요. 사람들이 한데 뭉칠 수 있는 새로운 방법도 생각할 기회를 가졌습니다. 글을 통해서든, SNS를 통해서든, 동네 모임을 통해서든 말이지요.

영원히 거리 두기를 하면서 살 수는 없을 것입니다. 운이 좋다면 머지않아 바이러스 따위는 깡그리 잊고 거리 두기를 한 순간을 추억할 날이 빨리 오겠죠. 그렇다고 해도 우리가 서로에게 기댄 채 살고 있음을 기억했으면 좋겠습니다. 이 바람을 기억하면서 이 책을 다시 한번 읽어 보길 권합니다. 대부분의 이야기가 여러분의 머릿속에 훨씬 더 분명하게 그려질 테고 제가 처음에 했던 질문의 답도 보다 쉽게 구할 수 있을 겁니다.

우리가 함께 싸운 이야기

■ 서프러제트 운동(13쪽)

1880년대와 1910년대 사이 영국과 유럽 여러 나라에서 벌어진 여성 참정권 운동이다. 서프러제트는 참정권을 뜻하는 서프러지(Suffrage)에 여성을 뜻하는 접미사 '-ette'를 붙여 만들어졌다. 이 말은 영국에서 여성 참정권 운동을 벌인 운동가들을 가리킨다. 이들은 '말보다 행동'이라는 슬로건을 내걸고 몸소 맞섰다. 그 결과, 1918년 2월 영국 의회에서 30세 이상 여성에게 참정권을 주는 법이 통과됐다.

본문 자료 참고 : 《FEMINISMO PARA PRINCIPIANTES(EDICIONES B, 2005)》 NURIA VARELA <ENCICLOPEDIA HISTÓRICA Y POLÍTICA DE LAS MUJERES: EUROPA Y AMÉRICA(AKAL, 2010)> BBC 뉴스 <SUFFRAGETTES: THE TRUTH ABOUT FORCE FEEDING>

■ 독일 무혈 혁명(19쪽)

남쪽에 바이에른 왕국이 있던 독일 제국이 제1차 세계 대전에서 진 뒤, 나라의 상황은 크게 어지러웠다. 상황이 이런 때, 쿠르트 아이스너는 옥토버페스트 맥주 축제가 열리는 테레지엔비제(Theresienwiese)광장에서 새롭게 의회를 만들자고 연설했다. 이에 들고일어난 사람들과 군사들이 함께하면서 바이에른 왕국의 국왕 루트비히 3세가 쫓겨났다. 그리고 바이에른공화국이 세워졌다. 하지만 이 공화국은 1개월밖에 이어지지 못했다.

본문 자료 참고 : 《LA REPUBLICA DE LOS SONADORES(THE REPUBLIC OF DREAMERS)》 VOLKER WEIDERMANN 《CHARISMA AND RESPONSIBILITY: MAX WEBER, KURT EISNER, AND THE BAVARIAN REVOLUTION OF 1918(MAX WEBER STUDIES, 2007)》 NICHOLAS S. HOPKINS

■ 라카나디엔세 노동자 파업(25쪽)

라카나디엔세는 바르셀로나시와 전차에 전력을 공급하던 큰 회사였다. 이 회사에서 노동자 여덟 명을 쫓아내자 바르셀로나에서 파업이 시작되었다. 그 결과, 노동자들은 세계 최초로 1일 여덟 시간 노동과 월급 인상이라는 결과를 얻어 냈다. 이 파업은 역사에서 가장 성공한 파업으로 손꼽힌다.

본문 자료 참고 : 《LA CONQUISTA DE LAS 8 HORAS (ENTRE AMBOS, 2019)》 FERRAN AISA <LA VAGA DE LA CANADENCA> 전시회 자료 참고

■ 기적의 분더 팀(31쪽)

독일과 오스트리아는 같은 역사와 민족, 언어와 문화가 있었다. 이후 1차 세계 대전에서 진 뒤 경제 위기에 처한 오스트리아에서는 물론 독일에서도 두 나라가 통일해야 한다는 주장이 나왔다. 이 주장은 사그라들었지만 오스트리아 출신 히틀러가 독일의 총리가 되면서 상황은 달라졌다. 히틀러가 보낸 군대는 큰 싸움 없이 오스트리아를 삼키는 데 성공한다. 나치는 이를 기념하는 축구 경기를 열었다. 이들에게 축구로 맞섰던 오스트리아의 분더 팀은 유럽에서 뛰어난 축구팀이었다. 날렵한 몸놀림으로 '종이 인간'이라 불리던 마티어스 신델라 선수를 아우른 오스트리아 대표 팀은 뛰어난 실력으로 합방 기념 경기를 이끌며 나치의 계획을 무너트렸다.

본문 자료 참고 : 《UNA HISTÒRIA POPULAR DEL FUTBOL(TIGRE DE PAPER, 2019)》 MICKAËL CORREIA <LOS FUNDAMENTOS ESTÉTICOS DEL NACIONALSOCIALISMO(ACTA POÉTICA, 2003)> MARÍA MATEO FERRER <EL HOMBRE DE PAPEL, FÚTBOL CONTRA LA HISTORIA(PANENKA)> JORGE GINER <MATTHIAS SINDELAR, UN BALLARÍ DE PAPER QUE ES REBEL·LÀ CONTRA EL FEIXISME(CRÍTIC)> NOEL EDUARDO

■ 영국파시스트연합과 케이블가 전투(35쪽)

영국파시스트연합은 국회의원인 오스왈드 모슬리가 만든 당이다. 이 단체는 영국에서 가장 크고 성공한 파시즘 단체였다. 무솔리니의 검은셔츠단을 본뜬 영국파시스트연합의 돌격대 검은셔츠단에는 직업을 잃은 사람들이나 청년들이 있었다. 오스왈드 모슬리와 검은셔츠단의 행진은

유대인이 모여 사는 이스트엔드에서 치러질 계획이었다. 검은셔츠단이 벌인 이 행진은 경찰들에게 보호받고 있었다. 하지만 이들은 이스트엔드 주민들이 준비를 갖추어 막아서자 비참하게 쫓겨나야 했다. 이 전투는 영국에서 파시스트 연합의 세력이 한풀 꺾이는 결과를 낳았다.

본문 자료 참고 : \<LA BATALLA DE CABLE STREET: CUANDO LONDRES GRITÓ: "¡NO PASARÁN!"(DRUGSTORE MAGAZINE, 2016)\> CARLOS LÉAUD \<BATTLE OF CABLE STREET: WHEN THE IRISH HELPED BEAT BACK THE FASCISTS(THE IRISH TIMES)\> \<MEMORIA DE LOS BRIGADISTAS INTERNACIONALES, EN ZÚRICH Y EN MADRID(LA MAREA)\> \<LA VANGUARDIA\>에 쓴 \<OSWALD MOSLEY, EL ARISTÓCRATA FASCISTA DE PEAKY BLINDERS\>의 프로필 참고

■ 이탈리아의 파르티잔(41쪽)

1943년부터 1945년까지 무솔리니의 독재 정부와 나치에 맞서 싸운 이탈리아 저항 군대이다. 무솔리니가 이탈리아의 국왕 에마누엘레 3세에게 쫓겨난 뒤, 이탈리아는 연합군과 전쟁을 멈추면서 나치와도 전쟁하고 싶지 않았다. 그사이 나치 군대에게 공격당한 이탈리아 군대는 모조리 흩어지고 말았다. 흩어진 이탈리아 군사들은 여기저기에서 나치와 무솔리니에 맞섰다. 파시스트들이 도시와 무기를 차지했기 때문이었다. 2차 대전이 끝나갈 무렵, 파르티잔은 나치의 도움으로 다시 일어서려던 무솔리니를 잡아 처형하는 데 성공한다. 이탈리아는 이 파르티잔들이 목숨을 걸고 싸운 덕분에 파시스트 시대를 끝낼 수 있었다.

본문 자료 참고 : 《PARTISANOS》 SERGIO LUZZATTO \<BELLA CIAO\> 가사 및 음악 기원 《LA CANCIÓN POPULAR EN LA ITALIA DEL S. XX(ANUARIO DE LETRAS MODERNAS, 2008)》 SABINA LONGHITANO 참고 기사 \<BELLA CIAO\> CONSUELO EMILJ MALARA 참고 \<LA SORPRENDENTE HISTORIA DE "BELLA CIAO", EL HIMNO QUE ENTONAN LOS PROTAGONISTAS DE LA SERIE LA CASA DE PAPEL(BBC)\>

■ 킹슬리홀(47쪽)

킹슬리홀은 20세기에 가장 인상 깊은 정신과 실험을 치른 곳이었다. 1950년대에 정신과 의사들은 거친 충격 요법과 약으로 정신병을 치료했다. 하지만 로널드 랭은 이에 비판적이었다. 그리고 정신병 환자에게 다른 치료법을 권하고 싶었다. 마침내 그는 킹슬리홀을 열어 새로운 치료로 정신병을 치료했다. 그곳에서 환자들은 정신과 의사와 함께 살았다. 규칙이 엄하지 않았고 상태가 더 나은 사람들은 더 나쁜 사람들을 도왔다. 그 결과, 킹슬리홀의 방법이 정신병 환자를 나아지게 할 수 있다는 사실을 세상에 알렸다.

본문 자료 참고 : \<KINGLSEY HALL: RD LAING EXPERIMENT IN ANTI-PSYCHIATRY(THE GUARDIAN)\> \<R. D. LAING: UN "REBELDE" QUE DESAFIÓ EL ORDEN PSIQUIÁTRICO IMPERANTE\> FRANCISCO BALBUENA RIVERA 《¿ES USTED UN PSICOPATA? UN VIAJE A TRAVES DE LA INDUSTRIA DE LA LOCURA(EDICIONES B, 2011)》 JON RONSON 《VIAJE A TRAVÉS DE LA LOCURA(1974) MARTÍNEZ ROCA

■ 68 운동(51쪽)

파리의 낭테르대학교 학생들은 고지식한 학교생활의 문제점을 바꿔야 한다고 생각했다. 그렇게 일으킨 시위는 더 많은 대학생이 함께해 점차 커졌다. 이에 샤를 드골 정부가 경찰들을 보내 폭력으로 시위대를 억누르는 상황이 벌어졌다. 충격 받은 국민들은 학생 편에서 섰다. 공장 노동자와 교사, 회사원 등도 시위에 함께했다. 학교 폐쇄, 경찰들의 폭력, 시민 체포 등으로 시위는 점점 격렬해졌다. 68 운동은 프랑스 곳곳으로 퍼지며 고지식한 사회에 도전해 새로운 세상을 꿈꿨다. 결과적으로 운동은 실패했다. 그럼에도 사회 모든 분야를 자극해 새로운 생각과 사회 운동이 일어나는 데 큰 영향을 주었다.

본문 자료 참고 : 《EL NACIMIENTO DE UN MUNDO NUEVO (DEBATE, 2018)》 RAMÓN GONZÁLEZ FÉRRIZ 《MAYO DEL 68: EL DÍA EN QUE SE PARÓ EL FESTIVAL DE CANNES(EL PAÍS)》 GREGORIO BELINCHÓN 《LOS SUCESOS DE MAYO, PARIS, 1968(ALBA, 2008).\> MAVIS GALLANT

■ 스톤월 항쟁(57쪽)

뉴욕의 술집 스톤월을 습격한 경찰들에 맞서 동성애자들이 들고일어난 사건이다. 1950~1960년대, 미국 사회는 동성애를 인정하지 않았다. 동성애자를 향한 차별과 폭력도 당연하게 여겨지던 때였다. 이에 동성애자들은 자신

들의 권리를 위해 움직였다. 사회에서 동성애자들도 더불어 살아갈 수 있음을 증명하려 했고 동성애자와 이성애자두 무리가 다르지 않다고 목소리를 높이고 있었다. 그러던중 스톤월에 들이닥친 경찰들과 동성애자들이 마침내 충돌하는 사건이 일어난다. 스톤월 항쟁을 시작으로 성 소수자들을 바라보는 눈과 사회의 포용성에 큰 변화가 생겼다.

본문 자료 참고: 《STONEWALL. EL ORIGEN DE UNA REVUELTA(IMPERDIBLE, 2018)》 MARTIN DUBERMAN <SUPERVIVENCIA, REVUELTA Y LUCHA TRANS ANTAGONISTA(IMPERDIBLE, 2015)> SYLVIA RIVERA, MARSHA P. JOHNSON

■ 343선언(63쪽)

1970년대를 대표하는 유명한 여성 인사들이 주간지 〈누벨옵세르바퇴르〉에 낙태 찬성을 발표한 선언이다. 당시 프랑스에서는 여성의 낙태가 허락되지 않았다. 프랑스는 유럽에서 가장 먼저 출산을 독려하는 나라였다. 또 출산을 나라의 의무로 보았다. 실제로 여러 번 낙태한 여성들은 사형에 처해지기도 했다. 이런 상황에서 343명의 여성들은 낙태했다고 고백하며 피임과 낙태할 권리를 외치는 서명 운동을 펼쳤다. 이 운동은 프랑스 사회에 엄청난 반응을 일으켰다. 이후 수많은 논란 끝에 1975년에 낙태 합법화 '베이유법'이 통과되었다.

본문 자료 참고: 《LA CUEVA (LUMEN, 2018)》 CARMEN G <SIMONE DE BEAUVOIR Y LA CONDICIÓN FEMENINA(MELIBEA, 2010)> LILIA ELISA CASTAÑÓN <AVANT LA LOI VEIL, LE COUP D'ÉCLAT DES "343 SALOPES"(FRANCE CULTURE, 2017)> ALISONNE SINARD

■ 가사 노동 임금 운동(69쪽)

가사 노동은 1970년대의 세계적인 여성 운동에서 중요한 문제였다. 1972년에 이탈리아의 파도바에서 여성 운동가실비아 페데리치와 셀머 제임스 등이 이끈 '가사 노동 임금운동'이 시작됐다. 이들은 "가사 노동이 노동력 생산에 이바지하고 자유로운 경제를 만든다."라고 생각했다. 이에 가사 노동에 대가를 줘야 한다고 외쳤다. 이 운동은 미국과

유럽 등 전 세계로 퍼져 나갔다. 안타깝게도 50여 년이라는 세월이 흘렀지만 눈에 띄는 결과는 이뤄지지 않고 있다.

본문 자료 참고: 《SALARIO PARA EL TRABAJO DOMÉSTICO, COMITE DE NUEVA YORK 1972-1977. HISTORIA, TEORIA Y DOCUMENTOS (TRAFICANTES DE SUENOS, 2019)》 SILVIA FEDERICI, ARLEN AUSTIN 《EL PATRIARCADO DEL SALARIO(TRAFICANTES DE SUEÑOS, 2018)》 SILVIA FEDERICI

■ 칩코 운동(75쪽)

칩코 운동은 인도의 대표적인 사회 환경 운동이자, 여성 운동이다. 이 운동은 세계 곳곳에서 친환경 운동과 산림 보호 운동에 큰 영향을 주었다. 무엇보다 여성들과 아이들이 함께해 힘을 보여 준 뜻깊은 운동이었다. 또 나무를온몸으로 감싼 용기 있는 여성들은 폭력적이지 않은 저항운동의 모델로 널리 알려지기도 했다.

본문 자료 참고: 《THE EMANCIPATED WOMEN-FOLK OF UTTARAKHAND》 HARC, PRIA <REPENSANT CHIPKO: ECOFEMINISME SOTA ESCRUTINI(DOCUMENTS D'ANALISI GEOGRAFICA, 1999)> <THE STORY OF GAURA DEVI(THE HINDU, 2000)> C. S. LAKSHMI

■ 5월광장어머니회(79쪽)

아르헨티나의 군부 독재 시절에 사라진 아들딸들의 어머니들이 모여 만든 단체이다. 어머니들이 부에노스아이레스에 있는 5월광장에 모여 자식들의 이름을 부르던 것에서 단체가 시작되었다. 수십 년이 지난 지금도 이 문제로계속 시위가 벌어지고 있다. 5월광장어머니회는 끔찍한 역사를 되풀이하지 않으려면 진실이 밝혀져야 한다고 말한다. 또 가해자들에게 처벌이 내려져야 한다고 끊임없이 외치고 있다.

본문 자료 참고: <MADRES DE PLAZA DE MAYO(TXALAPARTA, 1997)> 각종 연설과 어머니회 회원들의 증언 참조

■ 영국 광부 파업(85쪽)

1979년에 마가렛 대처가 일자리를 만들고 노조를 길들

이겠다고 약속해 총리에 당선된다. 취임한 대처는 이익을 내지 못하는 광산을 정리하려 하면서 광부 노조와 대결한다. 이에 1984년에 광부들의 파업이 대대적으로 일어났다. 이 파업은 영국 역사에서 가장 길고 치열하게 이어졌다. 이 광부 파업은 실패로 끝났다. 그리고 석탄 광산이 영국의 지도에서 사라지는 결과를 낳았다. 이들의 파업은 이탈리아의 피아트 파업, 미국의 항공 관제사 파업, 일본의 국철 노조의 패배와 함께 역사적 패배의 하나로 기록되고 있다.

본문 자료 참고 : 《GB84(2018)》 DAVID PEACE 《BREVE HISTORIA DE INGLATERRA(ALIANZA, 2004)》 DUNCAN TOWNSON 《LOS AÑOS DE DOWNING STREET(AGUILAR, 2012)》 MARGARET THATCHER

■ 카르멘 아벤다뇨와 에르게테연합(91쪽)

갈리시아에서 빈번히 일어나던 마약 거래로 아들딸이 고통을 받자 어머니들이 만든 단체이다. 단체 회장인 카르멘 아벤다뇨는 다른 어머니들과 함께 불법 마약 거래에 맞섰다. 아벤다뇨와 에르게테연합은 마약 중독으로 고통스러워하는 사람들과 그 가족을 위해 여러 도움을 주고 있다. 치료나 훈련은 물론, 마약을 이겨 내고 취업할 수 있도록 주는 조언까지. 마약에 중독된 자녀들이 회복할 수 있도록 끊임없이 활동하고 있다.

본문 자료 참고 : <NI LOCAS NI TERRORISTAS(2005)> CECILIA BARRIGA 《CÓMO GALICIA SE CONVIRTIÓ EN LA PUERTA DE LA COCAÍNA HACIA EUROPA(VICE)》 NACHO CARRETERO <UN MATRIARCADO CONTRA EL NARCOTRÁFICO(EL PAÍS)>

■ 액트업 운동(97쪽)

에이즈 퇴치와 에이즈 환자를 위해 노력하는 국제 행동 단체이다. 1987년에 만들어진 '액트업뉴욕'은 미국 정부와 제약 회사, 시민들을 대상으로 운동을 펼쳤다. 이어 1989년에 파리에서도 '액트업파리'가 만들어졌다. 90년대 중반에 이르기까지 액트업뉴욕은 가장 활발한 운동을 펼쳤다. 에이즈와 관련해서 어떤 누구와의 싸움도 마다하지 않았기 때문이다. 지금도 액트업뉴욕은 국민들이 공평한 의료 보험을 받을 수 있게 해 달라고 외치며 월가에서 활동하고 있다.

본문 자료 참고 : <SIN SILENCIO: LOS TREINTA AÑOS DE ACT UP> GUSTAVO PECORARO <LARRY KRAMER : AMOR Y RABIA> JEAN CARLOMUSTO <HOW TO SURVIVE A PLAGUE> DAVID FRANCE <REPORTAJE DE LA AGENCIA SINC>

■ 콘펙시오네스히혼과 이케의 그녀들(103쪽)

콘펙시오네스히혼(이케셔츠)을 세운 엔리케 로페즈는 회사를 정부에 넘기고 말았다. 스페인의 심각한 경제 위기에서 회사가 더 버틸 수 없었기 때문이었다. 그 후 회사를 넘겨받은 정부는 몇 년 동안 공장을 운영하려고 했지만 실패했다. 끝내 상황이 좋아지지 않자 노동자 수백 명을 쫓아내야 했다. 여기에 맞서기로 한 이케의 그녀들의 싸움은 큰 상징성을 띠었다. 이는 산업화를 시작한 이래로 여성들이 직접 발로 뛴 운동이었기 때문이다.

본문 자료 참고 : 《RETALES DE LA RECONVERSION(LADINAMO, 2004)》 CARLOS PRIETO 《PANORÁMICA JURÍDICO-LABORAL DEL CONFLICTO DE IKE》 CARLOS MUÑIZ SEHNERT <ROMPIENDO COSTURAS. IKE: LA INSUMISIÓN -UNA MÁS- DE LAS MUJERES DEL TEXTIL>

■ 사파티스타민족해방군(109쪽)

멕시코에서 가장 가난한 주민들이 사는 치아파스주에서 주로 활동하는 무장 단체이다. 미국과 캐나다, 멕시코가 맺은 북미자유무역협정은 없는 사람들을 더 고달프게 하는 결과를 낳았다. 이에 사파티스타민족해방군은 정부와 협정에 반대해 들고일어났다. 이들의 목표는 주민들의 가난 문제 해결이었다. 1994년부터 이들은 멕시코 정부에 전쟁을 선포하였다. 주민들은 물론, 도시와 세계의 넓은 인터넷에서도 이들을 지지하는 사람들이 많다. EZLN은 스키 마스크를 쓴 이미지로 잘 알려져 있다. 호소력 있는 훌륭한 말솜씨를 지닌 부사령관 마르코스는 이들의 상징이 되었다. 최근에는 언론을 통한 평화 시위로 방법을 바꿨다. 토론이나 대학 방문 등에서 그런 움직임이 잘 드러나 있다.

본문 자료 참고 : 1994년 3월 4일에 진행된 마르코스 인터뷰(EDICIONES DEL SERBAL, 1994)《CHIAPAS: DEL DOLOR A LA ESPERANZA (LIBROS DE LA CATARATA, 1996)》<CHIAPAS EN PERSPECTIVA HISTÓRICA (EL VIEJO TOPO, 2001)>

■ 시애틀 시위(115쪽)

시애틀 시위는 1999년 11월에 시애틀에서 열린 세계무역기구(WTO) 회의를 막아 낸 시위대 5만여 명의 활약을 가리킨다. 회의에서 다루어지는 원칙과 기준 등은 잘사는 나라들에게만 힘과 부가 쏠리도록 만들어졌다. 이에 시위대는 철저한 반대를 외쳤다. 시애틀에서 시작한 이 운동은 선진국과 후진국의 구별 없이 모든 세계의 시민들에게 퍼졌다는 데 큰 의의가 있다.

본문 자료 참고 : <VEINTE AÑOS DE SEATTLE: EL ORIGEN DE LA REVUELTA GLOBAL CONTRA EL NEOLIBERALISMO(LA MAREA)> PATRICIA SIMÓN 신문 <EL PAÍS>, <EL MUNDO> 언론 기사 참조 <LAS LECCIONES DE LA BATALLA DE SEATTLE Y SUS SECUELAS> WALDEN BELLO <DE SEATTLE 1999 A BARCELONA 2002. MOVIMENTS SOCIALS, RESISTÈNCIES GLOBALS> FEIXA PÀMPOLS, CARLES

■ 보이지않는위원회와 타르낙 공동체(123쪽)

《반란의 조짐》을 쓴 이름 없는 프랑스 저자들을 일컫는다. 이들은 줄리엥 쿠파(Julien Coupat)가 이끈다고 알려져 있으며 '타르낙의 9인'으로도 불린다. 타르낙 공동체는 소박하면서도 더불어 살기 위해 시골 지역으로 옮기려는 생각을 가진 청년들로 이루어져 있다. 이들은 테러 활동을 목적으로 한 범죄 단체로 한때 법정에 세워지기도 했다.

본문 자료 참고 : 웹 사이트 <TIQQUNIM> 《A PROPÓSITO DE TIQQUN》 GIORGIO AGAMBEN <VIVE LE TARNAC 9(VICE)> AARON LAKE SMITH <CASO TARNAC: EL NAUFRAGIO DE LA "LUCHA ANTITERRORISTA" FRANCESA(EL SALTO)> FRANCK RICHARD

■ 평화를 위한 라이베리아 여성 운동과 리마 보위(129쪽)

아프리카의 평화 인권 운동가 리마 보위는 평화를 위한 라이베리아 여성 운동을 이끌었다. 이 모임의 여성들은 시장에서 기도하고 노래하며 여성의 자유와 인권 운동 그리고 전쟁 반대 운동을 펼쳤다. 여성 수천 명이 남편과 함께 자지 않고 침묵하는 비폭력 시위를 벌이기도 했다. 이 운동은 라이베리아에서 터진 전쟁을 끝내는 결과를 낳았다. 리마 보위는 2005년 선거에서 라이베리아 여성들에게 투표에 참여하자고 목소리를 높이기도 했다. 또 엘런 존슨 설리프가 아프리카 최초의 여성 대통령이 되도록 큰 힘을 보탰다.

본문 자료 참고 : 2017년 세르비아 강연 내용 및 웹 사이트 <MUJERES QUE TRANSFORMAN EL MUNDO> 참고 <LA VANGUARDIA> 기사의 노벨 평화상 수상 소감 참고《UN SUEÑO DE PAZ: LA LUCHA DE UNA MUJER LIBERIANA POR CAMBIAR SU DESTINO Y EL DE SU PAÍS(AGUILAR, 2012)》LEYMAH GBOWEE AND CAROL MITHERS <LIBERIAN WOMEN ACT TO END CIVIL WAR(GLOBAL NONVIOLENT ACTION DATABASE, 2003)> KYLIN NAVARRO

■ 물을지키기위한여성사파티스타군(133쪽)

마사우아족 여성들은 그들의 인권과 삶의 터전에 있는 자원을 지키기 위해 하나로 뭉쳤다. 그리고 농작물의 피해를 넘어서 생명을 짓밟아 버리는 욕심에 맞섰다. 물을 지키기 위해 군대를 만들어 직접 싸우는 일도 마다하지 않았다. 끊임없이 적극적으로 행동한 결과는 성공이었다. 멕시코 정부와 기관은 그들의 생명과도 같았던 물을 지키고 살아갈 권리를 인정해 주었다.

본문 자료 참고 :《MUJERES INDÍGENAS EN DEFENSA DE LA TIERRA(CÁTEDRA, 2018)》AIMÉ TAPIA GONZÁLEZ

■ 이라크 전쟁 반대 시위(137쪽)

이라크를 향한 미국의 공격은 세계 곳곳에서 분노를 불러왔다. 분노는 전쟁 반대 시위로 이어졌다. 직업·계층·성별·나이·지역을 가리지 않고 세계 시민들 사이에서 전쟁 반대 시위가 퍼져 나간 것이다. 조금도 생각하지 못한 시위의 물결은 실제로 미국과 영국의 이라크 공격을 주춤하게 했다. 이 전쟁 반대 운동은 세계 시민의 여론이 세계에 영향을 주는 새로운 요소가 될 수 있음을 보여 주었다.

본문 자료 참고 :《LA AZNARIDAD: POR EL IMPERIO HACIA DIOS O POR DIOS HACIA EL IMPERIO(MONDADORI, 2003)》MANUEL VÁZQUEZ MONTALBÁN <EL GUERNICA DE LA ONU, TAPADO EN TIEMPOS DE GUERRA(EL PAÍS)>《NO A LA GUERRA(RBA, 2003)》

■ 주택담보대출피해자연합(143쪽)

　　스페인에서는 집을 은행에 맡기고 빌린 돈을 갚지 못하는 사람들이 늘어났다. 돈을 갚지 못하면 대책 없이 쫓겨나는 일이 일쑤였다. 이 같은 상황이 연이어 생기자 주거권을 지켜 달라는 목소리와 함께 주택담보대출피해자연합(PAH)이 바르셀로나에서 2009년에 만들어졌다. 이 단체는 사람들에게 뜨거운 호응을 받았다. 당시 스페인에서는 전체 주택에서 5분의 1이 비어 있을 만큼 상황이 나빴다. 이 단체는 회원들의 집에 경찰들이 찾아왔을 때 몸으로 막아 내는 운동을 펼쳤다. 덕분에 이 운동은 스페인 곳곳으로 빠르게 퍼졌다.

본문 자료 참고:《HABITAR LA TRINXERA: HISTÒRIES DEL MOVIMENT PEL DRET A L'HABITATGE A BARCELONA (OCTAEDRO, 2017)》JOÃO FRANÇA <EL PRIMER STOP DESAHUCIOS(EL DIARIO)> JOÃO FRANÇA

■ 어나니머스(149쪽)

　　모습이 없는 사회 운동 단체이다. 일부 누리꾼들이 웹 사이트 '포챈(4Chan)'의 사용자 기본 이름인 '익명인(Anonymous)'을 이들을 가리키는 말로 사용하면서 쓰였다. 2003년부터 정부·종교·기업 관련 웹 사이트를 공격한 해커들이 '어나니머스(Anonymous)'라는 집단 구성원으로 칭하자 '어나니머스'라는 이름이 점점 유명해졌다. 이들은 인터넷 감시 반대 운동을 비롯한 시민 불복종 운동을 주로 펼친다. 활동하는 곳이나 활동 내용이 정해져 있지 않다. 세계 곳곳에 있는 이름 없는 해커가 작전을 널리 알리고 행동하는 방법으로 움직인다.

본문 자료 참고:《LAS MIL CARAS DE ANONYMOUS: HACKERS, ACTIVISTAS, ESPÍAS Y BROMISTAS (ARPA, 2016)》GABRIELLA COLEMAN <MUERTE A LOS NORMIES: LAS GUERRAS CULTURALES EN INTERNET QUE HAN DADO LUGAR AL ASCENSO DE TRUMP Y LA ALT-RIGHT (ORCINY PRESS, 2018).> ANGELA NAGLE

■ 은드랑게타와 오메르타(155쪽)

　　은드랑게타는 유럽에서 손꼽히는 마피아이다. 이들은 이탈리아의 칼라브리아를 활동 무대로 삼았다. 오랫동안 마약을 사고팔고 사업에 손을 뻗으면서 지역 사회에 큰 영향력을 미쳤다. 엄격한 침묵의 계율 오메르타(Omerta)를 어기면 죽음만이 있을 뿐이다. 2014년 6월 21일에 프란치스코 교황은 칼라브리아를 방문해 "마피아(은드랑게타)처럼 악의 길을 걷는 자들은 신과 함께하지 않는다. 마피아 단원들은 파문됐다."라고 하기도 했다.

본문 자료 참고:《LAS BUENAS MADRES(ARIEL, 2019))》ALEX PERRY <NDRANGHETA: LA MAFIA MENOS CONOCIDA Y MAS PELIGROSA DEL PLANETA(DESTINO, 2009)> FRANCESCO FORGIONE <TERRITORIO 'NDRANGHETA: LA MULTINACIONAL DEL CRIMEN(EL PAÍS)>

■ 스페인 15M 운동(161쪽)

　　2011년 5월 15일, 푸에르타델솔광장에서 수많은 사람이 모여 시위했다. 나라가 국민에게 써야 할 예산을 줄이고 40퍼센트를 넘는 청년 실업률을 제대로 해결하지 못했기 때문이다. 800만 명 이상이 모여 사회와 나라를 바꾸고 싶다며 목소리를 높였다. 이렇게 시작한 운동은 점점 스페인 곳곳으로 퍼져 나갔다. 또 다른 나라로 이어져 시민 운동의 새 흐름을 만들었다. 이 운동은 시민의 참여가 기적을 만들 수 있음을 보여 주었다.

본문 자료 참고:《PENSAR EL 15M Y OTROS TEXTOS(MANUSCRITOS, 2011)》FÉLIX RODRIGO MORA <LA MUJER MÁS RICA DE ESPAÑA APOYA A LOS "INDIGNADOS" DEL 15-M(20 MINUTES)> 《HEGEMONIAS: CRISIS, MOVIMIENTOS DE RESISTENCIA Y PROCESOS POLÍTICOS (2010-2013)(AKAL, 2014)》XAVIER DOMÈNECH 《LA DEMOCRACIA DEL FUTURO. DEL 15M A LA EMERGENCIA DE UNA SOCIEDAD CIVIL VIVA (ICARIA, 2013)》MARTA CRUELLS, PEDRO IBARRA

■ 퍼거슨 시위(167쪽)

　　2014년 8월 9일, 흑인 청년 마이클 브라운이 백인 경찰이 쏜 총에 숨졌다. 대학교에 가던 브라운은 죄도 저지르지 않은 청년이었다. 이후 경찰 측이 가해 경찰이 누구였는지 밝히지도, 처벌하지도 않자 퍼거슨시를 중심으로 시위가 이어졌다. 이때 경찰의 지시를 순순히 따랐던 브라운이 억울하게 죽었다는 증언이 나왔다. 항의하는 시위는 과격해졌다. 미주리 주지사는 이틀 동안 사람들의 통행을 막고 시위대를 막으려 했다. 그럼에도 흑인을 향한 부당한 폭력에 맞선 시위는 곳곳으로 널리 퍼져 나갔다.

본문 자료 참고 : 《UN DESTELLO DE LIBERTAD: DE #BLACKLIVESMATTER A LA LIBERACIÓN NEGRA(TRAFICANTES DE SUEÑOS, 2017)》 KEEANGA-YAMAHTTA TAYLOR <BLACK LIVES MATTER: EL INCIERTO RUMBO DE LA GRAN PROTESTA RACIAL(EL PAIS)> PABLO GUIMÓN <DE MOHAMED BOUAZIZI A GEORGE FLOYD. UNA DÉCADA DE INSURGENCIA EN DEFENSA DE LA VIDA(EL SALTO)>

■ 미래를 위한금요일(173쪽)

그레타 툰베리는 매주 금요일마다 스톡홀름의 의회 앞에서 팻말을 들고 1인 시위를 벌였다. 이 운동은 처음으로 청소년이 실천한 환경 운동이 되었다. 이를 시작으로 점차 청소년들이 중심이 된 운동이 세계 곳곳으로 퍼져 나갔다. 호주, 독일, 스페인 등 92개국 1200여 단체가 모여 시위를 벌였다. 한국에서는 미래를위한금요일(FFF)과 청소년기후행동(Youth for Climate Action)이 연대하고 있다. 한국의 청소년기후행동은 2019년 3, 5, 9, 11월에 기후를 위한 결석 시위를 벌였다.

본문 자료 참고 : 《CAMBIEMOS EL MUNDO(LUMEN, 2019)》 《EL MUNDO QUE NOS DEJÁIS(DESTINO, 2019)》 LUCAS BARRERO

■ #이야기하라와 #미투(179쪽)

여성들의 힘을 모아 성폭행이나 성희롱 사건을 사회에 알린 미투 운동은 미국에서 시작했다. 할리우드의 유명한 영화 제작자인 하비 와인스타인이 저지른 성범죄를 알리고자 SNS에 해시 태그 #미투(#MeToo)를 달면서 널리 퍼졌다. 대부분 직장에서의 성폭행 및 성희롱을 SNS에 올리며 널리 퍼졌다. 대한민국에서는 2018년 1월에 서지현 검사가 검찰청의 성범죄를 고백하면서 시작했다.

본문 자료 참고 : 《AHORA CONTAMOS NOSOTRAS(ANAGRAMA, 2019)》 CRISTINA FALLARÁS 웹 사이트 <#CUÉNTALO PROJECT> <CRONOLOGÍA DEL MOVIMIENTO #METOO(EL PAÍS)>